Meine Sommermenüs

Wolfram Siebeck

Meine Sommermenüs

Leichte

Köstlichkeiten

für sonnige Tage

Fotografiert von Alexander Carroux

Eichborn.

Mit freundlicher Unterstützung von CARTIER (»Les Maisons de Cartier«) und Hanseatisches Wein- und Sektkontor, HAWESKO.

Porzellan und Tafeldekoration: »Les Maisons de Cartier«

Umschlag: La Maison Vénitienne (Corail)
Seite 11: La Maison de L'Empereur
Seite 21: La Maison Vénitienne (Jade)
Seite 31: La Maison Vénitienne (Lapis)
Seite 91: La Maison de Louis Cartier

Die Deutsche Bibliothek – CIP-Einheitsaufnahme

Meine Sommermenüs : Leichte Köstlichkeiten für sonnige Tage /
Wolfram Siebeck. Fotogr. von Alexander Carroux. – Frankfurt
am Main : Eichborn, 1995
  ISBN 3-8218-1378-4
NE: Siebeck, Wolfram; Carroux, Alexander

© Vito von Eichborn GmbH & Co. Verlag KG, Frankfurt am Main, Februar 1995
Umschlaggestaltung: Rüdiger Morgenweck unter Verwendung eines Fotos von Alexander Carroux
Fotos: Alexander Carroux
Rezeptausführung: Andreas Miessmer
Projektmanagement und Redaktion: Waldemar Gregor Thomas
Gesamtgestaltung: Rosemarie Lauer
Satz und Druck: Fuldaer Verlagsanstalt GmbH, Fulda

Verlagsverzeichnis schickt gern:
Eichborn Verlag, Kaiserstraße 66, D-60329 Frankfurt am Main

INHALT

Vorwort	7
Menü 1	8
Spargelsalat mit Eiersauce	
Hummer mit Fadennudeln	
Tauben mit Knoblauch	
Clafoutis oder Kirschenmichel	
Menü 2	18
Matjestartar	
Tomatensuppe	
Poschierte Lammkeule	
Rote Grütze	
Menü 3	28
Salade Niçoise	
Knoblauchsuppe	
Kalbsnieren in Senfsauce	
Faisselle und Melone	
Menü 4	38
Geeiste Buttermilchsuppe	
Krebse im Sud	
Königsberger Klopse	
Summer-Pudding	
Menü 5	48
Lachshäppchen à la Outhier	
Sommerliche Gemüseplatte	
Entenbrust in Portwein	
Bananensalat	
Menü 6	58
Aalrettich	
Spinatgratin	
Ossobuco	
Crème Caramel	
Menü 7	68
Kürbis-Chutney	
Pommes-Poireaux	
Essighuhn (Poulet au Vinaigre)	
Normannische Apfeltorte	

Menü 8 — 78

Ruccola mit Pinienkernen
Fischcurry mit Äpfeln
Kaninchen mit Oliven
Erdbeerparfait

Menü 9 — 88

Vichyssoise
Gebratener Spargel
Lammcurry mit Zitronenreis
Soufflé Grand Marnier

Menü 10 — 98

Salat von Keniabohnen
Lauchtorte mit Räucherlachs
Seewolf mit Fenchel
Milchreis mit Aprikosen

Menü 11 — 108

Geflügellebermousse
Weiße Bohnen mit Calamares
Dorade mit Curry-Gurken
Omelette Surprise

Menü 12 — 118

Vitello tonnato
Piperade
Lachs mit Sauerampfer
Zitronenschaum

Menü 13 — 128

Kürbiscrème
Gemüserisotto mit Oliven
Lachsforelle mit Limonen
Blaubeerpfannkuchen

Menü 14 — 138

Gratinierter Chèvre
Morcheln unter Blätterteig
Hühnerbrust mit Estragon
Vanilleparfait mit Himbeercoulis

Menü 15 — 148

Korianderzwiebeln
Hühnersuppe mit Morcheln
Schellfisch mit Senfsauce
Pfirsichbrioche und Eisenkrautparfait

Register — 159

Vorwort

Kulinarisch gesehen wird der Sommer gekennzeichnet durch das Gurren der Tauben und den Duft der Erdbeeren. Karotten und Erbsen sind nie so frisch wie jetzt, Olivenöl und Kräuter haben in meiner Küche unbeschränktes Gastrecht. Der Gang über den Markt ist verheißungsvoller denn je: Der erste Spargel eröffnet die Saison, der erste Knoblauch läßt wahr werden, wovon ich im Winter geträumt habe.

Sommerliche Menüs unterscheiden sich von denen des Winters durch ihre Leichtigkeit. Sie sollen festlich sein, das versteht sich von selbst, wenn ich Gäste erwarte. Das schließt ein Picknick aus, wie überhaupt ein Essen unter freiem Himmel nicht ohne Risiko ist. Auch im Sommer kühlen Speisen schnell ab, wenn ein leichter Wind darüber streicht, und meistens ist der Weg von der Küche zum Garten weit. Allein der Wein, der, ob dekantiert oder nicht, bereitgestellt sein muß, verlangt einen gewissen Aufwand, der im Freien schwer zu realisieren ist.

Die Wahl der Produkte macht die wenigsten Probleme. Wie sich ein Sommerfest vom Silvesterball unterscheidet, so unterscheidet sich die Dorade von der Weihnachtsgans, das Soufflé vom Christstollen. Was im Winter üppig war, kommt uns im Sommer schwerfällig vor, deshalb treten Schmorbraten in den Hintergrund, deshalb haben Fische jetzt ihren großen Auftritt. Limonen, Sauerampfer, Estragon, Essighuhn und Kochfleisch – so heißen die Mitwirkenden bei den Sommerfestspielen in meiner Küche. Die Leichtigkeit der Speisen ist ihr Leitmotiv. Das kann ein Fischcurry mit Äpfeln sein oder ein Ossobuco mit Oliven, eine kalte Suppe oder frischgepflückte Beeren; sommerlich ist es in jedem Fall.

Ob man das auch von einem Wein sagen kann? Ich bin da nicht sicher. Wenn ein geringer Alkoholgehalt sommerlich ist – nun gut, dann wären viele unserer Rieslinge ideale Sommerweine. Sie sollten aber zunächst einmal zum Essen passen. Und – das ist an meinem Tisch selbstverständlich – sie müssen mir so gut schmecken, daß ich schon mal eine Flasche öffne, die ein zartes Gemüse unsanft an die Wand drückt. Unter diesem Gesichtspunkt sollen meine Weinempfehlungen denn auch verstanden werden: Der Maßstab für ihre Auswahl ist allein mein subjektiver Geschmack. Für Rotweine besteht im Sommer die Gefahr, daß sie zu warm (19 Grad und mehr) auf den Tisch kommen. Es ist dann überhaupt kein Sakrileg, wenn man die Flasche in kaltes Wasser stellt, damit der Wein in der ihm gemäßen Temperatur getrunken werden kann. Und die liegt häufiger bei 16 Grad, als darüber.

Wolfram Siebeck

Menü 1

Spargelsalat mit Eiersauce

Hummer mit Fadennudeln

Tauben mit Knoblauch

Clafoutis oder Kirschenmichel

Spargel existiert in zwei Farben, weiß und grün. Der weiße ist manchmal violett angehaucht, der grüne hat unterschiedlich lange Köpfe. Im Geschmack unterscheiden sie sich ebenfalls. Weiß und weiß-violett bedeuten nuancenreiche Finesse, grün signalisiert herzhafte Eindeutigkeit. Wird Spargel so weich gekocht, daß die mit den Fingern gehaltene Stange durch die eigene Schwere abknickt, ist er ruiniert. Aber auch das Gegenteil, der al dente gekochte Spargel, zeugt von kulinarischer Dummheit. Er schmeckt roh, also undelikat. Je älter Spargel ist, um so holziger wird er. Dennoch: holziger Spargel auf dem Teller ist immer eine Nachlässigkeit der Köchin. Sie hat ihn nicht gründlich genug geschält. Dies zur Vorbemerkung, weil Probleme mit Spargel immer nur durch solche Kleinigkeiten entstehen.

Im übrigen wächst Spargel nicht nur in Schwetzingen oder in der Holledau, sein Anbau (unter Plastik) ist so weit verbreitet wie der von Tomaten. Und überall, wo er wächst, sind die Bewohner überzeugt, daß ihr Spargel der beste sei. Doch das ist nur der übliche Lokalpatriotismus, den wir bei den Würsten ebenso kennen wie beim Wein.

Spargelsalat mit Eiersauce

Für 4 Personen:

*1 kg Spargel,
2 Eier, Olivenöl,
Walnußöl,
Sherry-Essig,
Petersilie,
Salz, Pfeffer*

Zu Salaten gehört immer eine Vinaigrette. Ihr Geschmack ist intensiv, egal ob Essig dominiert oder Öl oder ein markantes Gewürz. Deshalb sind Spargel der sanften Art – also rein weiße – nicht die richtige Sorte. Ich bevorzuge die als Cavaillon-Spargel bekannten Stangen. Sie haben blaß-lila Köpfe und vereinen die Feinheit des weißen mit der Robustheit des grünen Spargels.

Beim Schälen gehe ich kein Risiko ein. Auf 8 Zentimeter, einschließlich Kopf, werden die Stangen zurechtgestutzt. Den großen Rest und die Schalen kann man auskochen, das ist die Basis für eine Spargelsuppe. Es ist aber auch keine schlechte Idee, die Stangen für den Salat in dem ausgekochten Sud zu garen.

Danach herausnehmen, abtropfen lassen. Die Vinaigrette basiert auf zweierlei Öl: Oliven- und Walnußöl im Verhältnis 1:1. Damit verquirle ich wenig Sherry-Essig und rühre pro Person ½ hartgekochtes, kleingehacktes Ei darunter. Salzen und pfeffern und mit feingewiegter Petersilie bestreuen.

Hummer mit Fadennudeln

Die besten Hummer wiegen 600 bis 800 Gramm; die schweren Oldies sind muskulös, das bedeutet faserig, und sie stammen fast immer aus fernen Meeren, wo das Wasser nicht kalt ist. Beim Einkauf ist darauf zu achten, daß sie putzmunter sind, also sich lebhaft bewegen. Ihre Scheren sind mit Gummiband umwickelt, damit sie im Meerwasserbecken des Fischhändlers keine Panik machen. In feuchter Holzwolle oder feuchtem Zeitungspapier transportieren. In der Badewanne fühlt sich ein Hummer nicht wohl (kein Meerwasser). Also möglichst umgehend kochen.

Menü 1

Pro Person:

ein halber Hummer; Schalotten, Noilly Prat, Estragonessig, frischer Estragon, Butter, Sahne, Tomaten, Salz, Cayennepfeffer, Fadennudeln

Als Zwischengericht reicht ein 600 Gramm schwerer Hummer gerade mal für 2 Personen. Er wird kopfüber in sprudelnd kochendes Salzwasser getunkt und nach 4 Minuten wieder rausgenommen. Nur kurz abkühlen lassen und dann ausbrechen. Das heißt, den Schwanz vom Körper trennen und entschalen. Die Scheren aus dem Vorderteil drehen und mit einem Nußknacker vorsichtig aufbrechen, daß sich das innere Fleisch im Ganzen herausziehen läßt. Es sollte noch etwas glasig sein, das bedeutet, es ist saftig. Am Schwanzende ist ein dünner schwarzer Faden zu erkennen, das ist der Darm, den ziehe ich raus. Dann schneide ich den Hummerschwanz in fingerdicke Scheiben. Das Fleisch ist noch warm. Ich lege es auf die Teller mit den vorbereiteten Nudelnestern, das sind mit einer Estragonsauce durchtränkte Fadennudeln.

So entsteht die Sauce: In einer kleinen Sauteuse pro Portion 1 TL superfein gehackte Schalotten in wenig Noilly Prat und noch weniger Estragonessig behutsam gar dünsten, bis sie fast breiig sind. Dabei einige Blättchen frischen Estragon mitköcheln lassen. Salzen und pfeffern (Cayenne, gemahlen). Sodann pro Portion 2 TL eiskalte Butter mit dem Schneebesen in die feuchten Zwiebeln einmontieren. So entsteht eine aromatische Buttersauce, die mir genügte, wenn der Hummer allein wäre. Aber da sind ja noch die Nudeln. Ihretwegen verdünne ich die Buttersauce mit Sahne, die ich nach und nach in die Sauteuse gieße. Sie verdünnt nicht nur die Konsistenz, sondern auch den Geschmack. Also wird abschmecken und nachsalzen unvermeidlich sein. Dazu gebe ich noch einmal einige Estragonblätter in die Flüssigkeit. Und, wenn ich mit dem Geschmack zufrieden bin, eine kleine Menge Tomatenkonkassée. Das sind die roten Fleischwürfelchen der Tomate, welche übrigbleiben, wenn ich die Tomate enthäute, entkerne, den Saft herausdrücke und die rosa Stege wegschneide. Das schiere Fleisch wird kleingehackt und heißt von nun an Tomatenkonkassée. Davon gebe ich bei vier Portionen knapp 2 EL in die heiße Sauce. Nur aufwärmen und dann über die auf den Tellern angerichteten Nudeln gießen. Das sieht nicht nur gut aus, sondern gibt auch dem Ganzen einen frischen, appetitanregenden Geschmack.

Darauf – oder rundherum – die warmen Hummerstücke verteilen und servieren.

Tauben mit Knoblauch

Pro Person:

1 Taube, 6 Knoblauchzehen, 1 EL Räucherspeck, kleingeschnitten; 6 Wacholderbeeren, 10 schwarze Pfefferkörner, 1 TL Butter, Salz, Pfeffer Graubrot, Erbsen

Da es sich bei diesem Menü eindeutig um ein festliches handelt, und da ich sie besonders gern esse, besteht der Hauptgang aus Tauben. Pro Person genügt eine Taube. Sie sollte möglichst fett sein und dunkelrotes Fleisch haben. Tauben mit hellbraunem Fleisch sind nach meiner Erfahrung nicht so aromatisch; es fehlt ihnen der leichte Wildgeschmack, der das Fleisch der dunklen Tauben so einmalig macht.

Vom Knoblauch brauche ich pro Taube 6 dicke Zehen. Also auch pro Person. Da schrecken die blutsaugenden Grafen aber zurück, nicht wahr? Leider nicht lange. Denn dem Knoblauch ist in den letzten Jahren eine bedauerliche Veränderung passiert. Sie haben ihn kastriert. Was ehedem jeden Seufzer in einen süßlich-scharfen Feueratem verwandelte, diese berühmt-berüchtigte Eigenschaft des Knofels, ist den Zuchterfolgen der Wissenschaftler zum Opfer gefallen. Er riecht kaum noch, und die charakteristische Süße ist ebenfalls verschwunden.

Gekochter oder sonstwie gegarter Knoblauch hat allerdings auch früher keinen Dracula verschreckt. Zu Brei gekocht ist Knoblauch harmlos wie Babynahrung. Und da der

Knoblauch mit den Tauben gekocht wird, würden diese auch im Deutsch-Englischen Club in Hamburg als Delikatesse durchgehen.

Pfeffer, Wacholderbeeren und Salz werden zusammen im Mörser zerstoßen. Damit reibe ich die Tauben von außen und innen ein.

Die Speckwürfel lasse ich in der Butter in einem gußeisernen Bräter aus, in dem die Tauben gerade Platz haben. Diese lege ich sodann in den Topf und lasse sie in aller Ruhe von allen Seiten anbraten. Die ungeschälten Knoblauchzehen kommen jetzt dazu. Ich drehe die Tauben so, daß sie auf der Seite, auf einem Schenkel liegen, und schiebe den Bräter in den sehr heißen Backofen. Nach 8 Minuten drehe ich die Tauben herum, wobei ich sie mit dem Bratfett bepinsele, und nach weiteren 8 Minuten kommen sie auf den Rücken zu liegen.

Die Bratzeit richtet sich verständlicherweise nach der Größe der Vögel. Es gibt Tauben – meistens sind sie von der hellbraunen Sorte –, die können als Rebhühner durchgehen. Daß sie länger braten müssen als die kleineren, versteht sich von selbst. Die Bratzeit ist in jedem Fall das delikateste Detail dieser Knoblauchtauben. Denn die Brust sollte mindestens noch rosa sein; völlig durchgebraten sieht sie nicht nur unansehnlich aus, nämlich grau; auch ihr Geschmack verliert dabei seine Besonderheit. Den richtigen Zeitpunkt erkenne ich, indem ich mit einem scharfen Messer zwischen Brust und Keule einen kleinen Einschnitt mache. Ist der Saft, der da heraussprudelt, noch rosa, muß die Taube weiter garen. Ist er jedoch hellgelb, muß sie aus dem Ofen.

Ich bevorzuge eine fast noch rote Brust. Deshalb nehme ich die Tauben heraus, lege sie auf ein Brett und schneide die Keulen ab. Die sind noch nicht gar, das ist nicht zu übersehen. Also brate ich sie auf dem Herd in einer Pfanne zu Ende, während ich die Brusthälften tranchiere und serviere. Sie sind zart wie ein Rinderfilet, doch ihr Geschmack läßt sich mit nichts vergleichen!

Das Innere der Knoblauchzehen, den garen Brei, drücke ich aus den Schalen. Damit bestreiche ich entweder geröstetes Graubrot, oder verrühre ihn in der Sauce. Im letzteren Fall fische ich vorher die Speckwürfel mit dem Schaumlöffel heraus. Sie haben ohnehin nur eine würzende Aufgabe, gegessen werden sie nicht.

Kartoffeln sind mir bei dieser zarten Delikatesse zu plump. Deshalb das Brot. Aber ein Gemüse muß sein, weil es kein passenderes gibt: kleine Erbsen, extra fein!

Clafoutis oder Kirschenmichel

Teig:

*180 g Mehl,
120 g Zucker,
½ l Milch,
6 Eier, 100 g Butter,
1 Zitrone,
Kirschwasser*

Früchte:

*750 g Süßkirschen,
2 EL Zucker*

Mehl, Zucker und Milch zu einem glatten Teig verrühren. Die verquirlten Eier und 40 g flüssige Butter sowie die Schale einer halben Zitrone nach und nach dazugeben; abschließend 1 Weinglas Kirschschnaps unterrühren. 90 Minuten ruhen lassen.

Währenddessen in einer großen Pfanne die entsteinten Kirschen in der restlichen Butter anbraten. Immer wieder schütteln, damit dies von allen Seiten geschieht. Dabei mit 2 EL Zucker bestreuen. Mit dem Saft der halben Zitrone und weiterem Kirschschnaps befeuchten und leicht karamelisieren lassen. Abkühlen und in eine gebutterte, flache Gratinform legen. Mit dem Teig übergießen.

Die Form in die Mitte des heißen Backofens stellen und backen, bis die Oberfläche braun wird. Warm servieren.

Weinempfehlung

Zum Salat, der hier nicht die übliche Säure hat, würde ich einen halbtrockenen Riesling trinken, einen 1992er Schloß Johannisberg Qualitätswein mit nur 11% Alkohol. Der Hummer verlangt dagegen nach einem stattlichen Chardonnay, welcher aber nicht zu breit sein sollte. Zum Beispiel ein Meursault-Charmes 1991 vom Hospice de Beaune. Die Tauben brauchen unbedingt einen Rotwein; da ihre Sauce lediglich Bratensaft ist, kann das ein feiner Saint-Emilion sein: Château Figeac 1982. Und zu den besoffenen Kirschen trinke ich eine Riesling Auslese vom Rheingau, wieder Schloß Johannesberg. Die hat neben der Süße auch noch genügend Säure.

Menü 2

Matjestartar

Tomatensuppe

Poschierte Lammkeule

Rote Grütze

MENÜ 2

Eine Küche, die keine Matjes kennt, ist unvollkommen. Dieser Junghering kann es an Zartheit und Delikatesse mit jeder Gänseleber aufnehmen. Wenn seine Zeit gekommen ist (Mai bis Juli), beeile ich mich, ihm eine Hauptrolle auf meinem Speiseplan einzuräumen.

Den Matjeshering sollte man essen wie Austern: naturell, das heißt, ohne jegliches Beiwerk. So erfährt die Zunge am besten, was es mit der Zartheit und dem sanften Geschmack auf sich hat. Wo er allerdings zum täglichen Brot gehört, wird vielleicht der nicht ganz unverständliche Wunsch nach einer Variation laut. Hier ist eine, die in jedem Menü einen vielversprechenden Auftakt darstellt:

MATJESTARTAR

Matjesheringe (2 Filets pro Person), weiße Zwiebeln, schwarzer Pfeffer, Dill, Vollkornbrot, Butter

Von den Filets die Schwänze abschneiden und sie mit einem Messer grob hacken. Es entsteht ein nicht sehr ansehnlicher Pampf. Den lagere ich im Kühlschrank, damit er durch und durch kalt wird; denn warme Matjes sind wie warmer Kaviar.

Kurz vor dem Servieren schneide ich frische Zwiebeln von der kleinen, weißen Sorte in allerfeinste Partikel. Das geht nur mit einem rasiermesserscharfen Kochmesser! Dieses wichtigste Handwerkszeug der Küche kann gar nicht gut genug sein. All die billigen Messer, mit denen in den meisten Haushaltungen gearbeitet wird, gehören auf den Müll. Mit ihnen kann ich keine Zwiebel in millimetergroße Partikel schneiden; mit speziellen Hackgeräten schon gar nicht. Messer vom billigen Jakob machen nur Ärger und bringen den Frust in die Küche, wo doch Kochen ein kreatives Vergnügen sein kann.

Diese Abschweifung scheint mir nötig, weil die Bedeutung der erstklassigen Kochmesser nicht überall erkannt wird. Was nun die Menge der feingeschnittenen Zwiebeln angeht, so nehme ich 1 gestrichenen TL auf 2 EL Matjestartar. Aber das ist eine Geschmacksfrage. Weniger geht auch. In jedem Fall vermische ich beides erst kurz vor dem Servieren, weil Zwiebeln die Tendenz haben, schnell bitter zu werden. Salz brauche ich bei Matjes verständlicherweise nicht. Aber Pfeffer – frisch im Mörser grob zerstampfter, schwarzer Pfeffer. Davon so viel wie möglich! Der Pfeffer soll die ursprüngliche Sanftheit des Matjes in einen aufreizenden Appetitmacher verwandeln. Auch etwas Dill, feingehackt, wird untergemischt. Leider sieht der Appetitmacher immer noch ziemlich unansehnlich aus. Die butterweichen Filets werden sogar unter dem schärfsten Messer zur Pampe. Deshalb forme ich mit zwei Teelöffeln kirschengroße Bällchen, welche ich auf rund ausgestochene, kleine, gebutterte Vollkornbrotstücke plaziere. Es darf auch Pumpernickel sein; aber Weißbrot, normalerweise für die Herstellung von Kanapees genommen, paßt hier nicht.

Menü 2

Tomatensuppe

Tomaten (je mehr und je reifer, desto besser), Butter, Estragon, Zucker, (Cayenne)Pfeffer, Basilikum, eventuell Sahne; Salz

Jeder weiß um das Problem mit den EG-Tomaten. Sie verhalten sich zur Urtomate (bis ca. 1960) wie die tiefgefrorene Fertigpizza zu den belegten Teigfladen von einstmals (ca. 1965). Es gibt jedoch eine Tomatensorte, die den alten, aromatisch-süßlichen Geschmack bewahrt hat, obwohl sie wahrscheinlich eine Neuzüchtung ist (weil früher nie gesehen): die Kirschtomate.

Also mache ich meine Tomatensuppe aus diesen kleinen, roten Kugeln. *Wie* ich sie mache, müßte eigentlich nicht näher beschrieben werden. Denn die Herstellung einer Tomatensuppe ist die einfachste Sache der Welt. Man muß es nur einmal gesehen haben, und kann es. Nur für jene, deren gute Mutter die Tomaten aus der Dose nahm, sei hier der einfache Vorgang beschrieben.

Man nimmt Tomaten, viertelt sie (bei Kirschtomaten genügt es, sie zu halbieren), wirft sie in einen Topf mit heißer Butter und läßt sie bei ständigem Schütteln andünsten. Ein Zweig Estragon dazugeben und mit Wasser auffüllen. Kochen lassen, bis die Tomatenstücke zerfallen. Dann durch ein feines Sieb in einen anderen Topf passieren und wieder auf den Herd stellen. Die Konsistenz entscheidet, wie es weitergeht. Entweder – weil die Suppe zu flüssig, also zu wässerig ist – lasse ich sie einkochen, bis sie leicht sämig wird. Oder ich beginne mit dem Abschmecken. Salz, selbstverständlich. Eine Prise Zucker ebenfalls; denn Tomaten haben eine starke Säure, die nicht jeder mag. Dann Pfeffer. Bei mir gibt es für diese Suppe nur eine Sorte: pulverisierte Chilischoten, auch Cayennepfeffer genannt.

An diesem Punkt angekommen, habe ich die Wahl zwischen einer rosafarbenen Suppe oder einer dunkelroten. Erstere entsteht dadurch, daß ich Sahne in den Topf gieße; bei der roten wird lediglich in jeden Suppenteller ein Stück Butter eingerührt. Aber es sind zwei sehr verschiedene Suppen, die da entstehen können. Beiden gemeinsam sind die zerrupften Basilikumblättchen, die ich darüberstreue, sowie der Umstand, daß sie sehr, sehr lecker sind.

Bei all jenen, die Tomatensuppe bisher für ein Bild von Andy Warhol gehalten haben, erhebt sich die Frage: Wieviele Tomaten, wieviel Wasser, bitte sehr? Ich weiß es nicht; habe nie nachgewogen. Sagen wir mal: 1 Kilo Tomaten für 3 Personen? Oder darf's ein bißchen mehr sein? Ich meine, wer bei diesem Rezept aufgibt, weil er sich nicht zwischen 1 und 1½ Liter Wasser entscheiden kann, der kann auch nicht Kaffee kochen.

POSCHIERTE LAMMKEULE

Für 4 Personen:

1 Lammkeule, Lorbeerblätter, Thymian, Knoblauchzehen, Rosmarin, Lauch, Zwiebel, Sellerie, Karotte, Chilischote, Salz, schwarzer Pfeffer, Cayennepfeffer. Grüne Bohnen

Sauce:

1/2 l saure Sahne, 4 EL Crème fraîche, 1 Schalotte, 1 TL scharfer Senf, Knoblauch, Salz, Cayennepfeffer, Schnittlauch

Ein Lieblingsrezept von mir. Ein sommerlicher Schmackofatz für genußsüchtige Kulinariker. Ich brauche dazu 1 Lammkeule. Der Metzger muß sie mir entbeinen und das Fett und die Häute wegschneiden. Was übrigbleibt wiegt meistens nicht mehr als 2 Kilo. Das reicht für 4 Personen, weil ja noch etwas für morgen übrigbleiben soll.

Diese 2 Kilo haben keine Ähnlichkeit mehr mit einer Keule. Stattdessen liegt vor mir auf dem Küchentisch eine dicke Fleischtüte. Deren Innenseite wird jetzt mit 1 EL im Mörser grob geschroteten schwarzen Pfefferkörnern bestreut und gesalzen. Darauf lege ich das Lorbeerblatt, sowie je ein Sträußchen Thymian und Rosmarin und drücke 3 dicke Knoblauchzehen über das Ganze. Dann klappe ich das Fleisch zusammen und umwickele es sehr gründlich mit Metzgerzwirn. Es entsteht eine längliche Fleischbombe, welche ich in eine kochende Court Bouillon lege.

Eine Court Bouillon ist eine kräftig gewürzte Gemüsebrühe. Also Wasser, in dem vorher mindestens 30 Minuten die üblichen Suppengemüse ausgekocht wurden: Lauch, Zwiebel, Sellerie, 1 Karotte, 4 Lorbeerblätter, 1 Prise getrockneter Thymian, 1 Chilischote und viel Salz.

Nach einigen Minuten schalte ich die Hitze herunter, so daß das Wasser nicht mehr kocht. Nur gelegentlich kündet ein zaghaftes BLUPP davon, daß die Temperatur bei 90 Grad liegt. So wird Fleisch poschiert, so bleibt es innen saftig.

Die Garzeit beträgt zwischen 60 und 90 Minuten. Das ist sehr vage, ich weiß. Aber die Fingerprobe verrät den Zeitpunkt, an dem das Fleisch gar ist. Läßt es sich leicht eindrücken, ist es noch zu roh und muß noch einmal ins Kochwasser. Läßt es sich dagegen nicht mehr eindrücken – au weia –, dann war es zu lange im Wasser, und wahrscheinlich war die Temperatur zu hoch! Es muß auf Fingerdruck nachgeben, aber nicht sehr. Das ist eine Gefühlssache und sollte nicht schwer abzuschätzen sein. Die Keule schneide ich auf einem Tranchierbrett in nicht sehr dicke Scheiben. Sie sind innen noch schwach rosa und haben ein wunderbares Aroma!

Vorher aber habe ich die Sauce gemacht. *Die* Sauce für gekochtes Fleisch! Sie ist kalt und besteht aus saurer Sahne, 4 EL Crème fraîche, 1 Schalotte, scharfem Senf, Knoblauch, Salz, Cayenne, Schnittlauch.

Die Sauce ist, das sagt schon ein Blick auf die Zutaten, weiß. Ziemlich dickflüssig, fast cremig ist sie außerdem. Und scharf. Nicht vom Cayenne, von dem verwende ich nur eine Prise, sondern vom Knoblauch. Denn mindestens 3 Knoblauchzehen – es können auch dreimal so viele sein! – drücke ich mit der Presse in die Sahne. Auch die Schalotte, geschält und geviertelt, wird durch dieselbe Presse gepreßt. Noch einmal mit Salz abschmecken und dann den kleingehackten Schnittlauch drüberstreuen. Das Resultat ist überwältigend. Diese weiße Sauce kann man sogar aufs Brot schmieren, aber erfahrungsgemäß bleibt davon nichts übrig. Sie kommt nämlich nicht nur beim gekochten Fleisch zu schöner Geltung, sondern auch bei dem dazu servierten Gemüse: grüne Bohnen. Nicht die feinen Kenia-Bohnen, sondern etwas breitere, bäuerliche Stangenbohnen, die auch bei uns wachsen. Und die Kartoffeln nicht vergessen! Pellkartoffeln, die kurz in Butter geschwenkt werden, ergänzen sich aufs vortrefflichste zu diesem sommerlichen Dreiklang.

Rote Grütze

Pfirsiche, Johannis-
beeren, Ingwer,
Weißwein, Zucker,
1 unbehandelte
Zitrone
200 g süße Sahne,
200 g Milch, 60 g
Zucker, 1 Vanille-
stange, 3 Eigelb

Dieser fruchtige Nachtisch kann, muß aber nicht, Erdbeeren und Rhabarber enthalten. Meine Version berücksichtigt den Hochsommer. Ihre Hauptbestandteile sind Pfirsiche und Johannisbeeren. Die Pfirsiche werden geschält, entsteint und in große Stücke geschnitten. Zusammen mit den Johannisbeeren, von denen ich die Hälfte mit der Gabel zerdrücke, der abgeriebenen Schale einer Zitrone, 1 EL frisch geriebener Ingwerwurzel in wenig Weißwein zugedeckt sanft garen lassen. Das Ganze wird bei mir nicht sehr süß; den unentbehrlichen Zucker streue ich teelöffelweise in die köchelnden Früchte, wobei ich immer wieder abschmecke. Speisestärke, bei der klassischen Roten Grütze obligatorisch, verwende ich nicht.

Dafür gibt es dazu die übliche Vanillesauce: Sahne, Milch und Zucker werden mit einer längs aufgeschnittenen Stange Bourbonvanille aufgekocht. Vom Feuer nehmen und abkühlen lassen. 3 verquirlte Eigelb unterrühren, wieder erhitzen, bis eine cremige Verbindung entsteht. Die Vanille herausnehmen, erkalten lassen. Beim Erhitzen kann es passieren, daß das Eigelb am heißen Topfrand stockt, oder daß Eiweißreste dabei sind, die kleine Klümpchen bilden. Das ist nicht tragisch: ich passiere die Sauce durch ein Haarsieb, und sie ist wieder glatt.

Weinempfehlung

Zu den Matjes trinke ich einen Aquavit, der auch noch für die Tomatensuppe herhalten muß; denn beide haben etwas gegen Wein. Die gekochte Lammkeule jedoch verlangt nach einem 1988er Tignanello, der harmoniert mit ihr ganz wunderbar. Und zur Roten Grütze serviere ich Champagner; einen 1985er Perrier-Jouet, Belle Epoque Rosé, da freuen sich meine Damen.

Menü 3

Salade Niçoise

Knoblauchsuppe

Kalbsnieren in Senfsauce

Faisselle und Melone

Menü 3

Wie rustikal darf ein Essen sein, daß es dennoch als Feinschmecker-Menü anerkannt wird? Ich meine, wenn die Produkte von erster Qualität sind und ein intelligenter Koch sich ihrer annimmt, kann auch eine Knoblauchsuppe eine Delikatesse sein. Wie in diesem Menü. Es beginnt mit einem Salat, dessen Popularität allein genügte, ihn von jeder besseren Auswahl auszuschließen. Einen Salat Niçoise ißt man nur in schrecklichen Touristenkneipen. Oder?

SALADE NIÇOISE

Für 4 Personen:

1 Kopfsalat, 8 Tomaten, 4 Eier, 200 g Thunfisch (Dose), Oliven, Petersilie

Vinaigrette:

Olivenöl, Rotweinessig, scharfer Senf, Salz, Pfeffer (Weißbrot, Knoblauch)

Die wichtigste Zutat sind die Tomaten. Die müssen den süßlichen, reifen Tomatengeschmack haben und eine Konsistenz, die weder trocken noch wässrig, nicht mehlig, aber auch nicht matschig sein soll. Also das, was manchmal im Sommer zu kaufen ist: die Gartentomate alter Art. Außerdem besteht ein Salat Niçoise aus Eiern, Sardellenfilets (Anchovis), Thunfisch, Oliven und eben Salat. Der ist kein anderer als der bei uns so beliebte Kopfsalat, dessen gewaschene und trocken geschleuderte Blätter ich in kleinere Stücke reiße.

Der zweite Teil wäre dann die Vinaigrette. Da ist es mehr das Abschmecken, was gelernt sein will, als der Kauf der richtigen Ölsorte. Die hat nur einen Namen: Kaltgepreßtes Olivenöl aus der ersten Pressung. Das kann aus Italien stammen oder aus der Provençe – gute Qualitäten gibt es überall. Leider genügt die gute nicht, sie muß sehr gut sein! Deshalb sollte man schon verschiedene Sorten probiert und miteinander verglichen haben, um das beste Öl zu erkennen. Wie beim Wein wird man Spitzenqualitäten nicht beim Großerzeuger finden, sondern dort, wo relativ kleine Mengen produziert werden.

Der Essig hingegen sollte sich bei diesem Salat nicht hervortun wollen, da genügt, daß er ein guter Rotweinessig ist, mehr wird von ihm nicht verlangt. Die Oliven selber aber erfordern wieder den überlegten Einkauf. Traditionell gehören in den Salat Niçoise kleine, braun-schwarze Oliven, wie sie im Hinterland von Nizza wachsen. Ersatzweise nehme ich möglichst kleine, schwarze Oliven, die weder eingelegt noch sonstwie behandelt sind. Ihre Menge ist völlig beliebig, da sie den Salat nur optisch beeinflussen, Geschmack entwickeln sie erst auf der Zunge.

Der Thunfisch stammt aus der Dose, das ist unvermeidlich. Aber wenigstens sollte es weißer Thunfisch sein, und er sollte nicht zusammen mit Gemüse in irgendwelchem Saft liegen. Nur in Öl, und ein einziges, kompaktes Stück. Das Öl wird abgetupft, bevor ich ihn in kleinere Stücke zerlege. Auch die Anchovis aus dem Glas werden zunächst auf Küchenkrepp von ihrem Sud befreit, dann halbiert und auf dem Salat dekoriert. Darauf ist besonders zu achten: Der Salat Niçoise ist ein dekoratives Gericht. Er sollte sorgfältig in einer großen, flachen Schüssel angerichtet werden. Zur Dekoration gehören auch die Eier. Hartgekocht und halbiert, bringen sie zwei weitere Farben in den bunten Salat (weiß, gelb), den ich abschließend mit gehackter Petersilie bestreue (dunkelgrün). Andere Kräuter gehören nicht hinein.

Die Vinaigrette – zum Öl und Essig kommen noch Salz, Pfeffer und etwas scharfer Senf – serviere ich zur Selbstbedienung in einer Sauciere, damit der Salat an einem heißen Sommertag nicht schon zusammenfällt, wenn er in der Schüssel wartet. Dazu geröstetes, mit Knoblauch bestrichenes Weißbrot.

KNOBLAUCHSUPPE

Für 4 Personen:

*1½ l Wasser,
12-20 Knoblauchzehen,
3 Salbeiblätter,
1 Lorbeerblatt,
Muskat, Salz,
schwarzer Pfeffer
3 Eigelb,
3 EL Olivenöl,
4 Scheiben Brot;
Schafs- oder Ziegenkäse*

Eine lebensrettende Speise einfachster Art. Keine Bouillon, keine Sahne; fast ein richtiges Krankensüppchen. Für 1½ l Wasser enthäute ich 12 dicke oder 20 kleinere Knoblauchzehen und lasse sie zusammen mit Salz, schwarzem Pfeffer, den Salbeiblättern, dem Lorbeerblatt und 1 Prise Muskat solange kochen, bis die Knoblauchzehen durch und durch weich sind. Das dauert ungefähr 20 Minuten. Dann fische ich die Blätter heraus und streiche die Suppe durch ein Sieb, wobei ich den Knoblauch mit der Suppenkelle durchpresse.

In einer Schüssel vermische ich die Eigelb mit dem fruchtigem Olivenöl. Dahinein verrühre ich 1 Tasse der heißen Suppe. Diese Mischung zurück in die Knoblauchbrühe gießen, welche nun nicht mehr kochen darf.

In Zeiten großen Hungers weiche ich altbackene Brotscheiben zusammen mit Reibkäse, vorzugsweise vom Schaf oder der Ziege, in Olivenöl ein. Die lege ich in die Teller und fülle mit der Suppe auf. Da werden selbst verkaterte Neurastheniker wieder lebenslustig!

Menü 3

Kalbsnieren in Senfsauce

Für 4 Personen:

2 Kalbsnieren, gesalzene Butter, Weißwein, Zitronensaft, 1 Becher süße Sahne, Salz, schwarzer Pfeffer, (Fleischfond), scharfer Senf

Karotten, Kartoffeln, Petersilie

Die Versorgung mit Kalbfleisch ist besser geworden. Das verdanken wir gleichermaßen den hartnäckigen Feinschmeckern wie den gesundheitsbewußten Konsumenten. Beiden ist es gelungen, den Handel davon zu überzeugen, daß es sich lohnt, artgerecht und ohne Medikamente aufgezogene Kälber anzubieten. Das ermöglicht mir, die Kalbsniere, eine der großen Delikatessen der feinen Küche, wieder in meinen Küchenalltag einzuplanen. Viele Zeitgenossen schrecken vor Innereien zurück. Wenn sie Nieren, Bries, Leber oder Kutteln in einer Schmuddelkneipe gegessen haben, ist das verständlich. Denn gerade Innereien brauchen einen Könner, der sie in die Delikatesse verwandelt, die Feinschmecker lieben. Bei Kalbsnieren kann zweierlei schiefgehen: Entweder sie werden zu lange gebraten, dann verwandeln sie sich in zähe Gummischeiben; oder der Koch verwechselt sie mit Rinderfilet und serviert sie blutig. Der richtige Garzustand ist allerdings das einzige Problem. Ansonsten sind sie schnell und mühelos zubereitet:

Die Kalbsnieren (eine reicht für 2 bis 3 Personen) werden sorgfältig von Fett und den dünnen Häutchen befreit. Je heller die Niere, desto zarter und delikater schmeckt sie. Sie werden in höchstens 1 cm dicke Scheiben geschnitten, welche eventuell noch einmal geteilt werden. In einer Pfanne, wo alle Stücke nebeneinander Platz haben (unbedingt wichtig, da sie sonst ihren Saft verlieren und zäh werden!), erhitze ich eine größere Menge salziger Butter. Wenn sie beginnt braun zu werden, lege ich die Nierenscheiben hinein. Diese nicht bewegen, aber die Pfanne leicht schwenken, damit die Butter sich verteilt. Nach nur 1 bis 1½ Minuten salze ich die Nieren und drehe sie herum. Dabei auf die Butter achten! Sie darf nicht verbrennen, also die Hitze kontrollieren und eventuell neue Butter in die Pfanne geben. Natürlich gäbe es diese kleine Schwierigkeit nicht, wenn ich Öl zum Braten nähme. Aber hier ist Butter für den Geschmack unverzichtbar. 2 TL frisch gemörserten schwarzen Pfeffer drüberstreuen und schütteln. Wenn die an der Oberfläche der Nierenscheiben beim Braten sichtbar werdenden Blutspuren verschwunden sind, nehme ich sie mit einem Schaumlöffel aus der Pfanne und stelle sie in einem tiefen Teller zugedeckt an einen warmen Ort. Insgesamt sind seit dem Wenden nicht mehr als 2 Minuten vergangen.

Nun gieße ich einen Teil der Bratbutter weg, stelle die Pfanne wieder aufs Feuer und schütte ein Glas trockenen Weißwein hinein. Bei großer Hitze einkochen, dabei die Bratrückstände mit einem Holzlöffel vom Boden kratzen. 2 TL scharfer Senf, etwas Zitronensaft und neue Butter werden in der Pfanne vermischt und dann wird nach und nach ½ Becher süße Sahne angeschüttet. Die doppelte Menge Sahne schadet auch nicht, wenn sie entsprechend gründlich reduziert wird. Mehrmals (!) abschmecken und nachwürzen. Inzwischen hat sich im Teller unter den Nieren eine Menge Fleischsaft angesammelt. (Wenn nicht, waren sie zu lange in der Pfanne.) Diesen Saft gieße ich in die Sauce, lasse alles zusammen noch einmal aufkochen und schütte beides, Nieren und Sauce, in eine angewärmte Servierschüssel.

Die Sauce hat vom Senf und Zitronensaft ein leicht säuerliches Aroma angenommen; die Nieren werden vom Aroma des frischen Pfeffers dominiert. Beides ergänzt sich aufs schönste mit ihrem sanften Eigengeschmack. Zusätzlich 1½ EL eingedickter Fleischsaft, also steifer, dunkler Fond, machen aus dieser Sauce eines jener Kunstwerke, deretwegen wir in Feinschmecker-Restaurants gehen.

Als Gemüse zu dieser Delikatesse schlage ich glasierte Karotten vor, deren Süße den Nieren endgültig das Prädikat »köstlich« verleiht. Dazu Petersilienkartoffeln.

MENÜ 3

FAISSELLE UND MELONE

*Für
4 Personen:*

*4 kleine Becher
Frischquark,
1 Cavaillon-
Melone,
1 Becher Crème
fraîche,
Zucker*

Faisselle heißt jener Quark, der in seiner eigenen Lake steht und weder cremig geschlagen noch entsäuert ist. Also Frischquark im Naturzustand. Pro Person brauche ich 1 Töpfchen, welches ich aus der Lake hebe, abtropfen lasse und in einen tiefen Dessertteller stürze. Drum herum lege ich Stücke von Cavaillon-Melonen. Das sind die kleinen, gelb-grünen mit dem hellroten Fruchtfleisch, wie sie im Tal des Luberon und im Departement Drôme angepflanzt werden. Beide, Quark und Melone, sollten sehr kalt sein. Darüber löffele ich normal temperierte Crème fraîche und stelle einen Zuckerstreuer dazu, mit dem sich jeder sein Dessert nach Geschmack süßen kann. Es ist so simpel, daß man nicht glaubt, wie raffiniert der Nachtisch schmeckt. Das bewirken die gegensätzlichen Nuancen säuerlich-süß und kalt-warm.

Darüber hinaus ist es trotz der sahnigen Basis ein sehr erfrischendes Dessert, das auch zum Frühstück eine gute Figur macht!

Theoretisch lassen sich dabei alle Früchte des Sommers verwenden. Aber ich kann mir nicht helfen: Mit Erdbeeren, Himbeeren oder Waldbeeren erinnert diese Portion an die Quarkspeisen der Großküchen. Außer der Melone bringt nur noch der Pfirsich jene Feinheit zuwege, die man in einem so bürgerlichen Menü wie diesem zunächst nicht erwartet.

WEINEMPFEHLUNG

Man kann ziemlich sicher sein, daß dort, wo Salade Niçoise gegessen wird, fast immer ein Rosé dazu getrunken wird. Tatsächlich gibt es viele dieser Sommerweine, die dazu passen, weil sie keinen bemerkenswerten Eindruck hinterlassen, also nicht stören. Ich habe einen Sauvignon blanc entdeckt (das ist die Traubensorte, die durch Sancerre und Pouilly Fumé bekannt geworden ist), der aus der nordwestlichsten Ecke der USA stammt und sehr wohl einen Eindruck hinterläßt, wenn man ihn zum Salat trinkt, trotzdem aber nicht stört: 1992er Columbia Crest. Ihn würde ich auch zur Knoblauchsuppe trinken, womit dieses Menü allein dem Weißwein gewidmet ist. Denn zu den Kalbsnieren ziehe ich einen nicht zu plumpen Chardonnay jedem Rotwein vor. Zum Beispiel den Grande Ardèche 1992, ein Wein, den der burgundische Großwinzer Louis Latour in den Ausläufern der Ardèche westlich von Montélimar erzeugt, was allein schon bemerkenswert ist. Obst und Quark schließlich sind nicht gerade das, wonach der Weinfreund sucht. Wie beim Salat geht es nur darum, daß der Wein nicht stört. Da empfiehlt sich zweifellos ein Prosecco di Valdobbiadene; er ist weder trocken noch süß.

Menü 4

Geeiste Buttermilchsuppe

Krebse im Sud

Königsberger Klopse

Summer-Pudding

Menü 4

Eine deutsche kulinarische Identität gibt es tatsächlich. Wenn sie so wenig zitiert wird, dann deshalb, weil mit ihr nicht viel Staat zu machen ist. Was bemerkenswert ist an unserer Küche, verdanken wir neueren, fremden Einflüssen. In diesem Menü allerdings sind die heimatlichen Klänge nicht zu überhören.

Geeiste Buttermilchsuppe

Für 4 Personen:

*1 l Buttermilch,
4 EL geriebener Pumpernickel,
12 Kirschtomaten,
1 daumengroßes Stück Ingwer;
Basilikum*

Buttermilch ist nicht nur ein erfrischendes Getränk an heißen Sommertagen, als kalte Suppe läßt sie sich in ein überraschendes Vorgericht verwandeln. Die Herstellung ist kinderleicht, sofern man weiß, wie eine frische Ingwerwurzel gerieben und wie Pumpernickel geschrotet wird. Die sind nämlich die wichtigsten Zutaten, zu denen sich noch Kirschtomaten gesellen. Den Ingwer reibe ich, nachdem ich ein daumengroßes Stück geschält habe, auf einer Muskatreibe. Das dauert ein bißchen, aber wiederum nicht allzu lange, wenn der Ingwer frisch und saftig ist. Doch aufgepaßt: in der Ingwerwurzel sind haardünne Fasern! Die bleiben auf der Reibe zurück, und ich achte darauf, daß sie nicht in die Suppe geraten. Insgesamt brauche ich für 4 Portionen 2 TL Ingwerbrei.

Wie man Pumpernickel schrotet, weiß ich nicht. Ich überlege nicht lange, sondern nehme mein großes Kochmesser und bearbeite zwei Scheiben Pumpernickel, als wär's Petersilie. Das geht schneller als mit jeder Maschine. Ich brauche 4 EL Krümel vom Pumpernickel.

Dann werden pro Person 3 Kirschtomaten halbiert und ein paar Basilikumblätter zerrissen, und los geht's mit der Suppenmontage.

Ingwer und Buttermilch werden mit dem Elektroquirl schaumig geschlagen. Dahinein den Pumpernickel verrühren. In kleine Schälchen füllen und in jede 6 halbe Kirschtomaten legen und mit dem Basilikum dekorieren. Mehr nicht!

Wer jedoch glaubt, diese Suppe sei etwas für die Kinderküche, der sollte erst einmal probieren: sie schmeckt nicht weniger als raffiniert! Die Süße der Tomaten, der exotisch-scharfe Ingwer, der liebliche Pumpernickel und das herbe Basilikum sind ein großartiger, bunter Cocktail meiner Sommerküche.

Krebse im Sud

Für 4 Personen:

*16–24 Krebse;
500 g Karotten,
1 große Zwiebel,
6 Schalotten,
1 Stück Sellerie (eigroß),
4 Knoblauchzehen,
1 kleine Fenchelknolle,
1 Handvoll Dill,
1 EL Zesten von Orangenschale,
Cayenne, Salz,
Butter,
½ l trockener Riesling,
4 EL Tomatenkonkassée
(s. Seite 12)*

Der Inbegriff des Sommers waren früher Flußkrebse. Als Kind habe ich gesehen, wie die bäuerliche Verwandtschaft Krebse in riesigen Töpfen kochte, und es war nicht einmal ein Festessen. Heute sind sie eine Rarität, und ich schätze mich glücklich, wenn ich einmal ein Dutzend davon ganz allein essen darf.

Als Vorspeise müssen es nicht 12 pro Person sein, da genügt schon die Hälfte, und wenn es nur 4 sind: auch gut. Krebse werden lebend verkauft, das heißt, ich muß sie bis zum Essen in der Badewanne lagern. Kinder sollte man davon fernhalten, denn mit ihren Scheren können Krebse ganz schön zubeißen!

Der Sud, in dem die Krebse gekocht werden, muß kräftig gewürzt sein, damit sie wenigstens etwas Geschmack annehmen; andererseits will ich ihn als Suppe essen können. Deshalb muß sorgfältig gewürzt werden. Geschmack geben dem Sud die angegebenen Zutaten.

Die Gemüse – ohne die Gewürze – werden kleingehackt und in Butter so lange angeschwitzt, bis sie halb gar sind. Sie dürfen dabei aber nicht braun werden! Mit dem Wein ablöschen. Knoblauch, Dill, Orangenschale, Pfeffer und Salz hinzugeben, mit 2 l Wasser auffüllen und so lange kochen lassen, bis sie durch und durch gar sind. Nun wird der Sud in einen zweiten Kochtopf durchpassiert, wobei die Gemüse gründlich ausgedrückt werden. Abschmecken und gegebenenfalls nachwürzen mit allem, was fehlt.

Den durchpassierten Sud zum Kochen bringen. Die Krebse sauber bürsten und zwei oder drei von ihnen in die sprudelnde Flüssigkeit werfen. Sie werden rot und nach 5 Minuten herausgenommen. Dann kommen die nächsten drei an die Reihe, und so weiter, bis alle Krebse rot und halbgar auf dem Tisch liegen. Ich werfe sie alle zusammen zurück in den köchelnden Sud und gare sie zu Ende, was ungefähr noch einmal 5 Minuten dauert.

Dann gibt es zwei Möglichkeiten. Entweder serviere ich sie in ihrem Panzer und sehe zu, wie sich meine Gäste abmühen, sie auszubrechen. Die dürfen keine empfindlichen Finger haben, denn die Kanten der Schalen sind scharf. Außerdem spritzt es auf Bluse und Schlips; große Servietten sind also unverzichtbar. Dennoch macht diese Rustikalität vielen Essern Spaß. Vor allem, wenn es eine große Portion, also ein Hauptgericht ist, würde ich diese Version empfehlen. Wer seinen Krebsen mit Klauen und Zähnen zu Leibe rückt, hat das Gefühl, sein Essen auch verdient zu haben. Bei 4 oder höchstens 6 Krebsen pro Person, also als kleines Vorgericht, ist die brachiale Art des Krebsessens nicht angebracht. Da übernehme ich als Gastgeber die Arbeit des Ausbrechens. Ich drehe die Schwänze vom Körper und breche die dicken Schuppen ab. Das Fleisch mit einer kleinen Gabel herausziehen und den Darm suchen. Das ist ein kleiner, schwarzer Faden. Meistens wird er schon zusammen mit der mittleren Schuppe am Schwanzende herausgezogen, ist aber auch sonst nicht schwer zu entfernen. Die entschalten Schwänze verteile ich in die Teller und gieße den Sud darüber. (Die Krebsscheren halte ich zurück und esse sie am nächsten Tag; es sei denn, jemand hilft mir in der Küche, sie aufzubrechen. Das geschieht, wie bei Hummerscheren, mit einer Zange. Aber mit den Zähnen geht's auch.)

Den Sud habe ich vorher etwas reduziert, damit er ein volles Aroma hat. Und dann gebe ich 1 EL Tomatenkonkassée (siehe Seite 12) in jeden Teller und lasse ein Stück kalte Butter darauf schwimmen. Die beiden letzten Verfeinerungen sind verständlicherweise nicht angebracht, wenn die Krebse ungeschält in den Tellern liegen und mit den Händen gegessen werden. In keinem Fall aber werden die Schalen weggeworfen! Ich mache daraus Krebsbutter, wie sie schon Henriette Davidis vor hundert Jahren in ihrem berühmten Kochbuch beschrieben hat.

Königsberger Klopse

Für 4 Personen:

*500 g Kalbfleisch,
2 Eigelb,
20 Sardellenfilets,
2 Semmeln,
1 TL abgeriebene Zitronenschale,
¼ l Sahne,
Zitronensaft,
100 g Kapern,
1 Tasse Milch;
Kalbsbrühe,
Muskat, Salz,
Reis*

Dies vorweg: Königsberger Klopse bestehen aus Kalbfleisch und nur daraus. Und sie enthalten keine Zwiebeln.

Leider muß ich diese Selbstverständlichkeit so hervorheben, weil dort, wo sie überhaupt noch selbstgemacht werden, diese Klopse nur eine Karikatur ihrer selbst sind: Buletten, die mit Königsberger Klopse so wenig zu tun haben wie ein Fußball mit einem Golfball. Das betrifft auch ihre Größe. Sie sind keine deftigen Fleischkugeln, sondern kleine, zarte Klößchen; andernfalls würde ich sie hier nicht empfehlen.

Das Fleisch muß vollkommen mager sein und sehr sorgfältig von allen Häuten befreit werden. Dabei verlasse ich mich nicht auf den Metzger, ich mache es selbst. Dann wird es gewürfelt und zweimal durch die feinste Scheibe des Fleischwolfs gedreht.

Die entrindeten Semmeln weiche ich derweil in Milch ein, drücke sie aus und drehe sie ebenfalls durch den Wolf. Die Sardellenfilets tupfe ich mit Küchenkrepp ab und hacke sie in sehr feine Stücke. Alle drei Bestandteile sowie die Zitronenschale und die Eigelb werden sodann gründlich vermischt, gesalzen und mit einer Prise Muskat gewürzt.

Jetzt forme ich aus dem Kalbshack Klößchen, die nicht größer als Tischtennisbälle sind. Die lege ich in eine vorbereitete Kalbsbrühe. (Kalbsknochen, -fleischabfälle und das übliche Suppengemüse 3 Stunden auskochen, durchsieben, reduzieren, salzen und entfetten.) 8 Minuten sanft simmern lassen, dann herausnehmen und warmstellen. In einer Sauteuse ¼ l von der Brühe mit der Sahne fast bis auf die Hälfte einkochen lassen. Die Kapern von der kleinen Sorte (die großen sind in jedem Fall zu meiden) abtropfen lassen und in die Sauce streuen; mit Salz und Zitronensaft abschmecken. Kein Mehl, kein Eigelb. Da der Kalbsfond kräftig reduziert wurde und einem Fond sehr ähnelte, wird die Sauce auch ohne die berüchtigten Dickmacher sämig genug. Dazu wird traditionellerweise Reis gegessen, und dagegen ist nun wirklich nichts zu sagen.

MENÜ 4

SUMMER-PUDDING

Für 4 Personen:

*500 g verschiedene Beeren,
30 g Zucker,
Weißbrot; (Sahne)*

Der ist englischer Herkunft und, wie viele englische Desserts, von großer Köstlichkeit. Dabei versammeln sich alle Beerenfrüchte, die der Sommer bereit hält, in meinem Topf. Also Erdbeeren, Himbeeren, Stachelbeeren, Johannisbeeren und was da sonst alles mühsam zu pflücken ist. Diese bunte Gesellschaft wird ohne Wasser, aber mit 30 g Zucker (auf 500 g Früchte) zerkocht. Dann mehrmals durchgesiebt, damit der Saft sich von den Früchten trennt. Jetzt werden trockene, entrindete Weißbrotscheiben in Stücke geschnitten und mit dem Saft der Beeren getränkt, bis sie matschig sind. Damit werden kleine Portionsförmchen ausgelegt, Boden und Seitenwände. Dahinein löffele ich die Beerenpampe, presse sie etwas zusammen und lege obendrauf wieder eine Schicht saftdurchtränkter Brotscheiben. Die beschwere ich mit einem leichten Gewicht und lasse die Förmchen mindestens 3 Tage im Kühlschrank durchziehen. Vor dem Servieren stürze ich eine Form zur Probe: geht es gut, stürze ich auch die anderen auf Dessertteller. Bricht mir die süße Masse jedoch auseinander, serviere ich den Summerpudding in den Förmchen. (Manchmal klappt's, manchmal nicht.)

Leckermäuler essen gern geschlagene Sahne dazu, aber ich meine, die Leichtigkeit dieses Desserts sollte man nicht mutwillig zunichte machen.

WEINEMPFEHLUNG

Zur Buttermilchsuppe wird man wohl oder übel auf jeglichen Wein verzichten müssen. Dafür werden die Krebse durch einen wunderbaren Riesling aus dem Weinbaugebiet Saar/Ruwer aufgewertet: Maximin Grünhäuser Herrenberg 1990, Spätlese trocken. Der paßt auch zu den Königsberger Klopsen, und nur in Zeiten unerbittlichen Wohlstands würde ich den Wein jetzt wechseln. Meine Wahl: 1990er Clos de la Coulée de Serrant, von der unteren Loire, das Beste, was in der Region produziert wird.

Menü 5

Lachshäppchen
à la
Outhier

Sommerliche
Gemüseplatte

Entenbrust
in
Portwein

Bananensalat

MENÜ 5

Einer der scheinbar simpelsten, in Wirklichkeit aber raffiniertesten Anfänge eines Menüs hat vor vielen Jahren Louis Outhier erfunden, einer der großen französischen Küchenchefs. Man könnte es ein Lachsbrot nennen, weil dieser Auftakt tatsächlich nur aus Brot, Butter und Lachs besteht. Aber eine getrüffelte Foie gras bezeichnen wir ja auch nicht als Geflügelleber mit Pilzen.

LACHSHÄPPCHEN À LA OUTHIER

Pro Person:

1 Scheibe Räucherlachs, 2 Scheiben Graubrot; Butter

Der benötigte Lachs ist geräuchert und frisch geschnitten; vorgeschnittener und abgepackter Räucherlachs ist mir nicht gut genug. Mindestens so wichtig ist die Qualität des Brotes. Es muß ein graues Holzofenbrot sein, und zwar ein altbackenes von jener Sorte, die immer besser schmecken, je älter sie werden. Also eine Woche alt. Das wird in so dünne Scheiben geschnitten, daß man durch die Löcher hindurchsehen kann, die jedes bessere Brot hat. Die Scheiben werden entrindet und mit Butter bestrichen. Darauf eine Scheibe Räucherlachs (die fast dicker ist als das Brot), und darauf wieder eine gebutterte, dünne Brotscheibe. Damit das, was da jetzt vor mir liegt, nicht mit einem Schulbrot verwechselt werden kann, schneide ich es in kleine Dreiecke. Vier bis fünf Stück pro Person, mehr nicht, weil sich meine Gäste sonst daran satt essen würden. Die Lachsbrote lege ich auf eine flache Platte, wickele sie luftdicht in Folie ein und stelle sie eine Stunde in den Kühlschrank. Dann zur Selbstbedienung auf den Tisch, wo der Champagner bereits in den Gläsern perlt.

Sommerliche Gemüseplatte

Für 4 Personen:

1 Sellerieknolle, je 500 g Keniabohnen und Pahlerbsen; 1 kg grüner Spargel, 500 g festkochende Kartoffeln, 8 Knoblauchzehen; Olivenöl, Akazienhonig, Salz, schwarzer Pfeffer

Bei welcher Temperatur entwickelt Olivenöl sein fruchtiges Aroma am stärksten? Wenn es warm ist; warm, nicht kalt oder heiß. Darauf basiert diese Gemüseplatte, die als Beilage zu einem Fleischgericht ihre Delikatesse nicht so voll entfalten würde wie in diesem Menü, wo sie einen selbständigen Zwischengang darstellt. Sie besteht aus Sellerie, Keniabohnen, Erbsen, grünem Spargel, Kartoffeln und Knoblauch. Die Kartoffeln sollten so klein wie möglich und festkochend sein. Also Bamberger Hörnle, La Ratte und ähnliche Sorten, die wie krumme, kleine Finger aussehen. Außerdem müssen es junge Kartoffeln sein (was ja im Sommer möglich ist); jung und mit so dünner Schale, daß sie nicht geschält werden müssen. Bürsten genügt. Diese Kartöffelchen werden gekocht, abgegossen und warm gestellt.

Gleichzeitig setze ich in einem anderen Topf Wasser auf, nicht viel; salze es und koche darin den in kleine, längliche Stücke geschnittenen Sellerie. Außerdem befinden sich im Kochwasser pro Person 2 geschälte, dicke Knoblauchzehen. Wenn der Sellerie gar ist, fische ich ihn heraus und stelle ihn warm. Als nächstes gebe ich die Keniabohnen ins Wasser zu den Knoblauchzehen. Auch sie landen, wenn sie gar sind, beim Sellerie. Jetzt die Erbsen in den Topf und, nachdem auch diese gar sind und herausgefischt wurden, als letztes Gemüse die Spargelstücke. Das sind nur die länglichen Köpfe des relativ dünnen grünen Spargels mit zwei, drei Zentimetern ihrer Stange.

Da ich das Kochwasser nie erneuert habe, ist es zu einer aromatischen Gemüsebrühe geworden. Als letztes wird jetzt auch der Knoblauch weich sein, der die ganze Zeit mitgekocht hat. Ich püriere ihn und vermische den Brei mit etwas Akazienhonig und gemahlenem schwarzen Pfeffer. Akazienhonig deshalb, weil er flüssig ist und nicht so penetrant schmeckt wie Tannenhonig. (Undefinierbare Honigmischungen sind grundsätzlich zu meiden.)

Abschließend lasse ich die Gemüsebrühe stark einkochen.

Ich nehme sie vom Feuer, warte bis sie ein wenig abgekühlt ist und montiere mit dem Schneebesen fruchtiges Olivenöl ein im Verhältnis 5 EL Brühe, 3 EL Öl. Es entsteht ein leicht sämiger, köstlicher Fond, den ich über die Gemüse gieße.

Die habe ich vorher auf einer flachen, länglichen Porzellanplatte angerichtet, ein Gemüse neben dem anderen, von jeder Sorte gleich viel und den aromatisierten Knoblauchbrei in kleinen Häufchen drumherum verteilt. Das Ganze ist ein überraschend leichtes Zwischengericht, naturgemäß nur lauwarm, aber gerade deshalb sehr aromatisch; und bekömmlich ist diese Gemüseplatte sowieso.

Menü 5

Entenbrust in Portwein

*Entenbrüste
(2 für 3 Personen),
Öl, Salz, schwarzer
Pfeffer, Portwein,
Balsamico-Essig,
Zimt, Nelken-
pulver, Fleischfond,
Butter
(Kartoffelpüree)*

Man kann sie inzwischen überall einzeln kaufen, die ausgelösten Entenbrüste. Es sind dicke Bruststücke mit ihrer Haut. Zwei Brüste reichen für drei Personen. Da die beiden Brusthälften der Ente entschieden delikater sind als die Keulen, und das Braten einer ganzen Ente ziemlich umständlich ist, verzichte ich gerne auf den Bratenduft, der früher durchs Haus zog. Die Bruststücke werden ruckzuck in der Pfanne gebraten wie ein Rindersteak.

Vorher werden sie massiert, und zwar mit wenig Öl und viel schwarzem Pfeffer (im Mörser grob geschrotet). Dann salzen und mit der Haut nach unten in die leicht geölte Pfanne legen. Die Haut ist so dick, daß es lange braucht, bis die Hitze ans Fleisch gelangt. Zur Gewinnung einer Sauce brauche ich einen Bratensatz in der Pfanne, also brate ich die Brusthälften bei starker Hitze an. Die aber darf wiederum nicht so stark sein, daß die Haut verbrennt, das setzt Bitterstoffe frei und würde die Sauce ruinieren. Deshalb kontrolliere ich das Anbraten sorgfältig. Wenn die Haut gut gebräunt ist, die Hitze verringern und die Entenbrüste herumdrehen. Diesmal geht alles viel schneller; nach 6 bis 8 Minuten nehme ich die Stücke heraus und stelle sie warm. Ich beginne mit der Sauce.

Zunächst gieße ich das Fett aus der Pfanne, das sich durch die fette Haut der Ente vermehrt hat, weg. Dann setze ich die Pfanne wieder aufs Feuer und lösche mit 1 Glas Portwein ab, wobei ich den Bratensatz mit einem Holzlöffel vom Pfannenboden schabe. Dann gieße ich etwas Balsamico-Essig dazu. Den gibt es in verschiedenen Qualitäten, von teuer bis unbezahlbar. Letzterer mag in ungekochtem Zustand im Salat Wunder wirken; hier in der Pfanne wäre er Verschwendung. Doch sein fruchtig-süßliches Aroma mit der schwachen Säure wirkt in meiner Sauce raffinierter als normaler Essig. Davon brauche ich wahrscheinlich nur 1 TL, das merke ich beim Abschmecken.

Also viel Portwein und wenig Essig in die Pfanne. Sprudelnd einkochen lassen. Jetzt geht es wieder los mit dem Abschmecken, mit der Verfeinerung: 1 Messerspitze Zimt kommt hinein, Salz und eine Prise Nelkenpulver. Auch Pfeffer? Aber ja doch! Die Sauce ist die Hauptsache bei diesem Gericht. Deshalb brauche ich jetzt eine Zutat, von der ich hoffentlich noch etwas vorrätig habe: eingedickter dunkler Fleischfond. Ein gehäufter EL bei 2 Brusthälften darf es schon sein. Der Fond gibt der Sauce einen dunklen Glanz und macht sie geschmeidig wie flüssige Seide.

Nun kümmere ich mich um das Fleisch. Ich schneide die Haut ab, die hat ihre Aufgabe erfüllt. Den Fleischsaft, der sich unter den Brüsten angesammelt hat, gieße ich in die Pfanne und lasse noch einmal aufkochen. Dann abseits vom Feuer 50 g Butter einmontieren, ein letztes Abschmecken (kann gar nicht oft genug gemacht werden!) und in eine Saucière füllen. Die beiden Brüste in schräge Scheiben schneiden. Sie sind innen noch dunkelrosa, also saftig, also zart.

Ein nicht alltäglicher Schmaus, ganz ohne Frage. Da ist es verlockend, ein ebenfalls nicht alltägliches Kartoffelpüree dazu zu servieren. Eines von der Sorte, mit der Robuchon berühmt wurde: der Butteranteil beträgt mindestens 50 Prozent! Das klingt wahnwitzig, aber man muß es probiert haben, um zu wissen, was in der Küche alles möglich ist. Auch bei diesem Püree gilt die Vorsichtsmaßnahme, die ich schon bei den Lachshäppchen empfohlen habe: Wenig davon auf den Tisch bringen, sonst überfressen sich die Gäste.

BANANENSALAT

Für 4 Personen:

*4 Bananen,
1 unbehandelte Orange, frische Ingwerwurzel;
Zucker,
Himbeergeist*

Es ist schade, daß Bananen, wie wir sie kaufen können, so wenig Geschmack haben. Denn sie sind nicht nur gesund; Bananen haben im Idealfall ein sehr eigenes Fruchtaroma, ohne übermäßig süß zu sein. Damit die unreif gepflückten, krummen Gelben doch noch einen interessanten Geschmack entwickeln, mache ich folgendes: Aus der Schale einer unbehandelten Orange ritze ich mit dem Zestenschneider kurze Streifen. Er ist eines jener einfachen Küchengeräte wie Kirschentkerner, Kugelausstecher, Kaviarlöffel, Tee-Ei und dergleichen, die monatelang unbenutzt in der Küchenschublade liegen. Die Zesten der Orange blanchiere ich zunächst kurz, um ihre Bitterkeit zu reduzieren. Dann setze ich sie mit wenig Wasser und Zucker auf. Köcheln lassen, bis das Wasser zähflüssig wird wie Sirup.

Gleichzeitig schäle ich ein 5 cm langes, daumendickes Stück Ingwerwurzel und reibe es auf der Gemüsereibe. Den so entstandenen Ingwerbrei lasse ich mit den Orangenzesten köcheln.

Die Bananen – eine pro Person, wenn es nicht sehr große sind – schneide ich in dünne Scheiben und beträufele sie mit Himbeergeist; dann werden sie mit dem Orangen-Ingwer-Sirup übergossen. Ich lasse sie eine gute Stunde durchkühlen. Der Ingwer, der bei mir in keinem Früchtedessert fehlt, ist es letzten Endes, der diesem Bananensalat die ungewöhnliche Delikatesse mitgibt. Er verwandelt eine harmlose Süßspeise in eine Leckerei für Erwachsene.

WEINEMPFEHLUNG

Zu den Lachshäppchen gibt es Champagner, da paßt nichts so gut wie der leise moussierende Wein aus der bauchigen Flasche. Wenn ich ihn mir leisten kann, bedeutet das einen Taittinger Comte de Champagne, rosé. Auch bei der Gemüseplatte begnüge ich mich nicht mit dem Mittelmäßigen. Der Feinheit der sommerlichen Gemüse entspricht die Feinheit eines roten Bordeaux'. Der 1990er Château Trottevieille, ein Pomérol mit hohem Merlotanteil, macht hier wie immer eine gute Figur. Da die Entenbrust von der ungeheuer aromatischen Sauce beherrscht wird, sollte auch der Wein, der sich zudem gegenüber dem vorausgegangenen Pomérol durchsetzen muß, opulent sein wie wenige andere. Wäre ich allein, öffnete ich eine Flasche Banyuls von der Domaine de la Réctorie. Doch diesen dunkelsüßen Tropfen aus dem französisch-spanischen Grenzgebiet kann ich nicht allen Gästen zumuten. Also einen Penfolds Grange Hermitage 1986. Der Wein stammt aus Australien und ist der großartigste Syrah, den ich je getrunken habe. Bei solchen Vorgängern darf der Wein zum Dessert nicht nur süß sein. Er muß auch einen rassigen Charakter haben. Die Rieslaner Beerenauslese von Müller-Catoir in der Pfalz erfüllt diese Bedingung mühelos.

Menü 6

Aalrettich

Spinatgratin

Ossobuco

Crème Caramel

Menü 6

Der Beginn eines Menüs, also die erste, kleine Vorspeise, sagt viel über die Köchin bzw. den Koch aus. Die bequemen, die einfach eine große Dose Kaviar auf den Tisch stellen, sind nicht die schlechtesten. Respekt verdient aber auch, wer sich für eine Kleinigkeit viel Mühe macht. Und diese kleine, sehr delikate Vorspeise macht Mühe, weil ich möglichst keine Küchenmaschine benutze. Meine Küchenmaschine ist das Kochmesser.

Aalrettich

Pro Person:

*etwa 10 cm Räucheraal;
1–2 rote Rettiche,
Zitronensaft, Salz,
Sojasauce,
Cayennepfeffer,
Graubrot*

Man könnte es auch Tartar von Aal und Rettich nennen, denn genau das ist es. Von beiden Zutaten brauche ich die gleiche Menge; das heißt, die optisch gleiche Menge. Und auch das ist nicht verbindlich, denn letzten Endes entscheidet die Schärfe des Rettichs, wieviel ich davon brauche. Doch zunächst der Aal. Räucheraal ist hier gemeint, und pro Portion brauche ich (ungefähr) ein Stück Räucheraal von 10 Zentimeter Länge. (Reste schmecken auch noch am nächsten Tag.)

Ich enthäute den Aal und schneide das Fleisch von der Gräte. Die braunen, härteren Ränder werden abgetrennt; sie kriegt die Katze. Sodann schneide ich das Aalfleisch in längliche Streifen. Diese wiederum bearbeite ich mit dem schweren Kochmesser, bis sie die Konsistenz von Tartar haben, nur etwas gröber.

Räucheraal ist sehr fett, also nicht gerade leichte, sommerliche Kost. Deshalb nehme ich Küchenkrepp, lege es auf den gehackten Aal und drücke. Das Papier saugt sich voll Fett. Ich werfe es weg und nehme ein neues Blatt. Auf diese Weise verbrauche ich ein halbes Dutzend oder mehr Papierblätter und habe das Gefühl, etwas für meine Gesundheit getan zu haben.

Sodann schäle ich Rettich. Nicht den mit der braunen Schale, der ist zu scharf. Aus dem macht man Meerrettich, aber keine Vorspeise für ein 4-Gänge-Menü. Dann gibt es die großen, weißen Rettiche, in Bayern auch Radi genannt und dort roh zum Bier gegessen. Der weiße ist geschmacklos, von Schärfe kann keine Rede sein. Deshalb nehme ich roten Rettich. Der ist auch nicht sonderlich scharf. Ich schäle so viele Wurzeln, bis es der Menge des gehackten Aals entspricht. Den roten Rettich, der innen weiß ist, halbiere ich, schneide ihn in dünne Streifen und präpariere ihn wie vorhin den Aal. Also mit dem Messer kleinhacken, aber nicht pürieren.

Jetzt werden die beiden Massen vermengt und gewürzt. Dazu nehme ich Salz, Zitronensaft, Cayennepfeffer (wenn der Rettich zu milde war) und einen Spritzer Sojasauce. Der Räuchergeschmack des Aals darf dabei nicht verschwinden, deshalb mische ich den Rettich nur portionsweise unter das Aaltartar und schmecke immer wieder ab. Zugedeckt mehrere Stunden im Kühlschrank durchziehen lassen. Dann mit frisch geröstetem Graubrot servieren. Durch den Rettich bekommt der Aal eine ungewohnte Frische; die Kälte läßt das Tartar leicht erscheinen.

Spinatgratin

Für 4 Personen:

800 g frischer Spinat; 200 g Champignons, 200 g süße Sahne, 150 g Gruyère, 50 g Parmesan; Butter, Zitronensaft, Salz, Pfeffer

Spinatblätter können groß und kraus sein, oder dünn, glatt und fein. Die letztere Sorte ist ideal für einen Salat. Für ein Gratin aber sind die größeren Blätter besser geeignet, weil sie robuster sind. Sie machen allerdings einige Mühe. Da auch ein riesiger Berg Spinat beim Kochen spektakulär zusammenfällt, brauche ich viel davon (800 g für 4 Personen!). Und viele Spinatblätter haben viele dicke Stiele, die ich abzwacken muß. Welke Blätter werden aussortiert. Dann mehrmals gründlich waschen; es besteht Sandgefahr!

Der tropfnasse Spinat wird in einen leeren, aber heißen und großen Topf geworfen, Deckel drauf und zwei, drei Minuten auf dem Herd zusammenfallen lassen. Länger braucht er nicht, um gar zu werden. In einen Durchschlag geben und eventuell noch vorhandene Feuchtigkeit ausdrücken. Bisher ist das Gemüse überhaupt nicht gewürzt, was bei der kurzen Garzeit auch gar nicht einfach wäre. Ich umgehe die Klippe, indem ich die frischen Champignons wasche, in Scheiben schneide und in viel Butter anbrate. Dabei kräftig salzen, mit schwarzem Pfeffer (aus der Mühle) würzen und zusätzlich mit Zitronensaft beträufeln. Auch das dauert nur wenige Minuten. Den sich bildenden Pilzsaft durch starke Hitze wegkochen. Dann gieße ich die süße Sahne in die Pfanne, zuerst nur soviel, daß sich der Bratensatz löst, dann den Rest.

Inzwischen habe ich Gruyère und Parmesan gerieben und vermengt. Ich vermische auch die Champignons mit dem Spinat, fülle alles in eine gebutterte, flache Gratinform und streue den Reibkäse darüber, auf den ich einige Butterflöckchen setze. In die obere Hälfte des heißen Ofens schieben, den Käse schmelzen und leicht braun werden lassen. In der Form servieren.

Menü 6

Ossobuco

Für 4 Personen:

*1 Kalbshaxe (in Scheiben gesägt);
4 Tomaten,
2 Karotten,
20 Schalotten,
20 schwarze Oliven,
1 Stange Lauch,
6 Knoblauchzehen,
6 Sardellenfilets,
5 Zweige Thymian,
2 Zweige Rosmarin;
Olivenöl,
Weißwein, Salz,
2 getrocknete Chilischoten;
Weißbrot*

(Risotto mit Steinpilzen)

Wenn ich den Spinat in den Backofen schiebe, muß ich den Ossobuco herausnehmen, für beide ist kein Platz. Das macht jedoch nichts, da das Fleisch schon viereinhalb Stunden drin war und jetzt gar ist. Um diesen erfreulichen Zustand zu erreichen, habe ich folgendes getan: Eine Kalbshaxe – denn nichts anderes ist ein Ossobuco – lasse ich mir vom Metzger in 3 bis 4 cm breite Scheiben sägen. (1 Haxe reicht für 5 Personen.) Selbstverständlich gehört der Metzger zu jenen, die Kalb- und Rindfleisch von Farmen verkaufen, wo die Tiere auf Wiesen weiden und sich natürlich ernähren.

Die Vorbereitungen betreffen die Gemüse, die ich mit dem Fleisch zusammen schmore: mittelgroße Tomaten, Karotten, Schalotten, schwarze Oliven, Lauch, Knoblauch, Sardellenfilets, Thymian, Rosmarin. Die Tomaten werden enthäutet und geviertelt, die Karotten und der Lauch in Scheiben geschnitten, Schalotten und Knoblauch enthäutet, die Sardellen abgewischt. Den Backofen heize ich vor: 90 Grad, nicht mehr.

Nun wische ich die Fleischscheiben ab – es könnten noch Knochensplitter anhaften – und brate sie an. Dazu nehme ich einen eisernen, emaillierten ovalen Bräter. Den erhitze ich mit einer großzügig gemessenen Menge Olivenöl auf dem Herd und lege die gesalzenen Beinscheiben hinein. Mindestens 15 Minuten hantiere ich jetzt am Herd, damit die Scheiben von allen Seiten gleichmäßig braun werden. Dazu stelle ich sie auch schon mal hochkant (mit Hilfe von zwei Holzlöffeln), damit auch die Seiten Farbe kriegen. Nicht zu heiß anbraten, lieber länger. Wo ein großer Bräter nicht vorhanden ist, kann man auch in einer, oder, da die selten groß genug ist, gleichzeitig in zwei Pfannen anbraten und den Schmortopf erst benutzen, wenn die ganze Pracht in den Ofen geschoben wird.

Zunächst aber nehme ich die Beinscheiben aus dem Bräter, gebe neues Öl hinein und lasse jetzt das Gemüse leicht anbraten. Die Feuchtigkeit der Tomaten benutze ich, um den Bratsatz der Fleischscheiben zu lösen, gieße auch nach und nach etwas Weißwein nach. Da das Gemüse später nur mit der mäßigen Schmortemperatur in Berührung kommt, ist in diesem Zustand eine gute Hitze vonnöten. Aber anbrennen darf es nicht! Deshalb kontrolliere ich diese Phase genau. Die Oliven und die Sardellen kommen auch noch hinein und die Chilischoten. Abschmecken und nachsalzen, bis man glaubt, es sei versalzen. Aber keine Angst: jetzt lege ich die Fleischscheiben in den Topf und gieße mit trockenem Weißwein auf, bis die Scheiben zur Hälfte im Saft liegen. Noch einmal aufkochen lassen und zugedeckt in den Ofen schieben. Irgendwann probiere ich den Schmorsaft: er muß sehr aromatisch schmecken.

Nach viereinhalb Stunden ist das Fleisch so weich, daß es fast zerfällt, aber immer noch saftig. Und die Gemüse sind kaum verkocht. Ich entferne Thymian- und Rosmarinstengel. Die Schmorflüssigkeit sieht rustikal aus und ist zu dünn, um Sauce genannt zu werden. Aber sie soll dennoch ein wunderbares Aroma haben, das jede weitere Bearbeitung unnötig macht. Deshalb koche ich den Sud höchstens noch etwas ein und belasse ihm darüber hinaus seine bäuerische Unfertigkeit. Und deshalb gibt es auch keine weiteren Beilagen als Weißbrot, mit dem man den Sud vom Teller tunken darf.

Nur wo notorische Vielesser am Tisch sitzen, empfehle ich einen Risotto mit Steinpilzen.

Um die Rustikalität nicht zu weit zu treiben, entferne ich vom Fleisch die Häute, die es zusammenhalten, und fiesele es von den Knochen. Die kleinen, runden Muskelstücke lege ich in den Sud zurück und stelle alles auf den Tisch. Eine abschließende Geste darf nicht vergessen werden: In die Schüssel mit dem heißen Ossobuco gieße ich ein großes Glas fruchtiges Olivenöl. Welcher Duft! Welches Versprechen!

MENÜ 6

CRÈME CARAMEL

Für 6 Personen:

½ l Milch, 100 g Zucker, 2 Eier, 3 Eigelb; ½ Vanillestange.

Für den Caramel:

125 g Zucker, Wasser; 1 EL Rotweinessig; 1 EL Butter

Auch das Dessert gehört in den Bereich der Hausmannskost.

Die halbe Vanillestange der Länge nach aufschneiden. Mit dem Zucker in der Milch aufkochen und etwas abkühlen lassen. Die Eier und die Eigelb miteinander verquirlen. Die warme Milch durch ein Sieb (Vanille!) in die Eier gießen, dabei rühren.

In einer Pfanne mit schwerem Boden den Zucker mit nur wenig Wasser kochen lassen, bis eine sirupähnliche Flüssigkeit mit hellbrauner Farbe entsteht. Dann mit dem Essig ablöschen, das stoppt den Kochvorgang. Diesen Karamel gieße ich in 6 kleine, ausgebutterte und feuerfeste Portionsförmchen: 1 EL pro Form genügt. Diese etwas kippen, damit sich der Karamel verteilt.

Mit einer Suppenkelle die Eiermilch in die Formen füllen und in ein Wasserbad stellen, daß die Formen mindestens bis zur Hälfte in kaltem Wasser stehen. In das untere Drittel des heißen Ofens (175°) stellen. Die Crème beginnt langsam zu stocken. Dazu braucht sie zirka 45 Minuten. Dann ist die Oberfläche hellbraun, und ein Messer, das ich in die Masse stecke, kommt sauber wieder heraus.

Den Karamel habe ich nicht aufgebraucht. Der Rest ist inzwischen hart geworden. Ich setze ihn mit Wasser auf, bis er wieder flüssig wird: das ist die Karamelsauce, die ich über die in der Form abgekühlten und dann gestürzten steifen Crèmes gieße.

WEINEMPFEHLUNG

Zum Räucheraal paßt alles, was weiß und trocken, aber nicht so fruchtig ist. Ein grüner Veltliner von Leo Alzinger in Unterloiben (Wachau) ist ideal. Den trinke ich auch zum Spinat. Zum Ossobuco ist ebenfalls ein Weißwein denkbar. Ich bevorzuge jedoch einen leichteren Roten, beispielsweise einen italienischen Merlot: 1988 Castelle di Gabbiano. Zur Karamelcrème darf der Wein süß sein wie ein Château d'Yquem. Da der jedoch einer der teuersten der Welt ist, trinke ich eine ähnlich feine, aber deutlich preiswertere Köstlichkeit: Beerenauslese Rieslaner, Weingut Karl Schäfer, Bad Dürkheim.

Menü 7

Kürbis-Chutney

Pommes-Poireaux

Essighuhn
(Poulet au Vinaigre)

Normannische Apfeltorte

Aus einem Kürbis kann man nicht nur Masken schnitzen. Er ist der Stolz der Kleingärtner, die ihn nach seiner Größe bewerten. In der Küche unserer Großmütter spielte er eine eher kleine Rolle: als Suppe oder als süß-sauer Eingemachtes.

Kürbis-Chutney

Für 4 bis 6 Personen:

500 g Kürbis, 4 große, weiße Zwiebeln, 1 kleine Aubergine; Olivenöl, 1 Chilischote, 4 Gewürznelken, 1 TL getrockneter Thymian, 1 1/2 EL Zucker, 1 TL Korianderkörner, 4 EL Weinessig, 1 großes Glas Portwein oder Madeira, 1 Prise Safranpulver, 1 gehäufter TL Tomatenmark, 2 EL Rosinen; Salz

Chutneys sind Gemüsekompotts, fast immer scharf gewürzt, oft süßlich. Sie werden kalt und in kleinen Mengen ans Essen getan. Warm und in größeren Mengen gegessen oder gar als selbständiges Gericht, bereichern sie meine Küche um eine exotische Variante. Außerdem sind sie leicht und appetitanregend. Kalt serviere ich sie als Vorspeise zum Weißbrot, warm als Beilage zu einem Fischcurry oder zu weißem Fleisch. Es gibt unzählige Variationen. Mein Kürbis Chutney wird kalt als Vorspeise gegessen.

Der Kürbis – 500 Gramm sind nur eine dicke Scheibe – wird geschält und sein weiches Inneres ausgekratzt. Dann in Würfel von 3 cm Kantenlänge zerlegen. Die Zwiebeln schälen, halbieren und in sehr feine Scheiben schneiden. Auch die ungeschälte Aubergine würfeln, doch die Würfel nur halb so groß wie die des Kürbis schneiden. Da Auberginen an der Luft unansehnlich werden, mache ich das erst im letzten Moment, wenn Kürbis und Zwiebeln bereits in reichlich Olivenöl andünsten. Dann auch die Auberginenwürfel in die Kasserolle geben und folgende weitere Zutaten: 1 Cayennepfefferschote (Chili), Gewürznelken, Thymian, Zucker, Korianderkörner, Weinessig, Portwein oder Madeira, Safranpulver, Tomatenmark, Salz. Mit Wasser aufgießen und zugedeckt 60 bis 90 Minuten köcheln lassen. Immer wieder nachwürzen wird nötig sein, da der richtige, herzhafte Geschmack auf Anhieb nur schwer ans Chutney zu bringen ist. Er ist kein sanfter Begleiter zum Brot, sondern ein scharfer, animierender erster Gang, der die Esser munter macht.

Kürbis, Auberginen und Zwiebeln müssen richtig weich sein, die Zwiebeln dürfen sogar ein wenig verkochen. Abschließend mische ich die Rosinen unter den Chutney und lasse alles einige Stunden durchziehen.

Pommes-Poireaux

Für 4 Personen:

je zwei Hände voll Kartoffelwürfel und Lauchscheiben; 1 EL Butter, 1 Lorbeerblatt, Knoblauch nach Belieben; 1 zerstoßene Chilischote; Salz; 4 Tomaten; 4 EL Frischkäse, Olivenöl, Basilikum

Einen Klassiker der Hausmannskost kann man diese Lauch-Kartoffelsuppe nennen, in ihrer Einfachheit kaum zu übertreffen. Gleichzeitig aber ist die geschmackliche Kombination von Kartoffel und Lauch so delikat, daß man ihr als elegantem Süppchen mit einer Trüffel- oder Hummereinlage in vielen Feinschmeckerrestaurants wiederbegegnet. Meine Version ist bürgerlich mit einem mediterranen Einschlag.

Als Vorspeise gedacht, brauche ich für 4 Personen nur je zwei Hände voll Kartoffelwürfel und Lauchscheiben. Will ich mich jedoch daran sattessen, reicht diese Menge höchstens für 2 Personen. Die Kartoffeln müssen, wie meistens, von der festkochenden Sorte sein (für mehlige habe ich nur beim Kartoffelpüree Verwendung). Sie werden geschält und in kleine Würfel geschnitten. Von den Lauchstangen brauche ich das Weiße und den hellgrünen Teil. Sie werden von der grünen Seite zweimal bis zur Mitte des weißen Teils eingeschnitten, so daß sie wie ein Besen mit Stiel aussehen. So lassen sich Lauchstangen bequem unter fließendem Wasser waschen, ohne daß sie auseinanderfallen. Dann lege ich sie auf ein Hackbrett und schneide sie mit dem Kochmesser in dünne Scheiben. Diese und die Kartoffelwürfel schwitze ich in einem Suppentopf in der Butter an. Dabei salzen und die zerstoßene Chilischote dazugeben, sowie das Lorbeerblatt und beliebig viele Knoblauchzehen (oder keine). In meinen Kreisen verlangt man vier Zehen pro Teller.

Alles vermischen, mit Wasser aufgießen, zum Kochen bringen und köcheln lassen, bis die beiden Gemüse gar sind. Während dieser Zeit überbrühe ich die mittelgroßen Tomaten mit kochendem Wasser, ziehe ihnen die Haut ab und mache Tomatenkonkassée (siehe Seite 12. Da sie in diesem Menü noch einmal vorkommen, nehme ich die doppelte Menge Tomaten). Das Konkassée gebe ich in die fertige Suppe; die Tomatenwürfel sollen nicht kochen, nur heiß werden. Noch einmal abschmecken, möglicherweise nachsalzen. (Kartoffeln sind große Salzvernichter!) Jetzt lege ich in die Suppenteller oder -schalen je 1 EL abgetropften Frischkäse! Keinen cremigen Quark, sondern dessen Vorstufe, in der Molke stehende kleine Kegel, wie sie die Bauern auf den Märkten anbieten. Als Ersatz ist Hüttenkäse akzeptabel. Darauf die heiße Suppe gießen, ein paar zerrupfte Basilikumblätter darüberstreuen und dann – das ist der mediterrane Trick – einen kräftigen Guß Olivenöl von der grünen, fruchtigen Sorte hinein! Es duftet, als wäre eine Aromabombe explodiert. Den säuerlichen Frischkäse nicht verrühren, sondern als kalten Effekt zusammen mit der heißen Suppe essen. Sensationell!

Essighuhn (Poulet au Vinaigre)

Für 4 bis 5 Personen:

*1 Huhn (am besten ein Poulet de Bresse),
8 Frühlingszwiebeln,
1 Karotte,
2 Knoblauchzehen,
1/8 l Hühnerfond,
200 g Sahne,
Tomatenpüree,
Estragonessig, Senf,
Weißwein,
schwarzer Pfeffer,
Butter, Öl, Salz,
4 Tomaten
(Bandnudeln oder Kartoffeln;
Karotten oder Erbsen)*

Unter den vielen Hühnerrezepten ist das Essighuhn ein herausragendes Glanzstück. Die leichte Säure verleiht ihm eine wunderbare Frische und macht das Huhn zum sommerlichen Essen par excellence. Voraussetzung – wie bei jedem Fleisch und besonders bei jedem Huhn – ist die Qualität des Vogels. Er muß im Freien aufgewachsen sein und das mindestens zwölf Wochen. Nur solche Hühner haben kein wässriges Fleisch und keine weichen Knochen. Die besten sind immer noch die französischen Bressehühner aus der gleichnamigen Landschaft. Sie haben auch eine Mindestgröße, 1800 Gramm. Und so schwer muß mein Huhn mindestens sein, damit es eventuell auch für 5 Personen reicht. Außerdem brauche ich: 8 Frühlingszwiebeln, 1 Karotte, 2 Knoblauchzehen, 1/8 l Hühnerfond, 200 g Sahne, Tomatenpüree, Estragonessig, Senf, Weißwein, schwarzer Pfeffer, Butter, Öl, Salz.

Das Huhn zerlege ich in 8 Teile, das heißt, in zwei Brusthälften, zwei Flügel und zwei zweigeteilte Keulen. Hals und Rücken werden zwar auch zerhackt und mitgeschmort, aber nur, um die Sauce zu verbessern. Auf dem Teller haben sie nichts zu suchen.

Alle Hühnerteile brate ich in einem Schmortopf mit schwerem Boden in halb Öl, halb Butter an, bis sie rundherum braun sind. Dabei wird gesalzen und gepfeffert. Sollte in dem Bräter nicht genug Platz sein, daß die Hühnerteile nebeneinander liegen können, brate ich sie in zwei Schichten in einer Pfanne an und fülle sie dann um in den Schmortopf. Zunächst aber werden die angebratenen Stücke erst einmal wieder aus dem Topf (der Pfanne) entfernt, um den entstandenen Bratensatz für die Karotte und die Zwiebeln freizugeben. Die kleinen Zwiebeln (Schalotten dürfen es auch sein) habe ich nur geschält, die Karotten zusätzlich in feine, dünne Streifen geschnitten (Julienne). Die werden zusammen mit den enthäuteten Knoblauchzehen wenige Minuten in dem Bratfett herumgeschoben, damit auch sie etwas Farbe annehmen. Dann kommen die Hühnerteile – außer den Bruststücken! – wieder hinein, und ich lösche mit je einem kleinen Glas Weißwein (trocken, selbstverständlich) und Estragonessig ab. Zudecken und in den heißen Backofen stellen. Erst nach 20 Minuten lege ich die Bruststücke zu den anderen. Jetzt ohne Deckel noch einmal 15 bis 20 Minuten dünsten, dann dürften die Hühnerstücke gar sein. Und die Brust ist, wegen ihrer verkürzten Garzeit, saftig geblieben.

Die Hühnerstücke fische ich heraus und stelle sie warm. Im Topf verbleiben etwas Bratensaft, vermischt mit Essig und Wein, die Karotten-Julienne und die kleinen Zwiebeln. Den Bratsaft entfette ich so gut es geht (mit Kreppapier) und gieße den Hühnerfond und die Sahne in den Topf. Darin verrühre ich je 1 TL Tomatenpüree und Senf und lasse alles bei starker Hitze einkochen. Dabei, wie immer, abschmecken und nötigenfalls noch Wein oder Essig oder Sahne dazugeben. Wenn der Saft, der jetzt Sauce geworden ist, einen markanten, säuerlichen Geschmack hat, streue ich ½ TL groben schwarzen Pfeffer hinein sowie das vorbereitete Tomatenkonkassée (siehe Seite 12). Fertig. Dazu gibt es schmale Bandnudeln oder Bamberger Hörnle. Das Gemüse sollte, wie immer bei säuerlichen Saucen, eher süßlich sein. Also glasierte Karotten oder junge Erbsen.

Normannische Apfeltorte

Teig:

*150 g Mehl,
3 EL Puderzucker,
75 g salzige Butter,
1 Eigelb*

Belag:

3 große, feste, säuerliche Äpfel; Zitronensaft, 1 EL Zucker, Butter, Calvados oder Aprikosenmarmelade

Dieses Menü hat inzwischen seine bürgerlich-französische Herkunft enthüllt. Da sollte dann auch das Dessert nicht aus der Reihe tanzen. Von einem deutschen Apfelkuchen unterscheidet sich diese Version durch ihre extrem niedrige Höhe sowie durch den Calvados.

Der Teig ist ein Mürbeteig. (Muß es aber nicht sein. Dünner Blätterteig ist ebenfalls möglich.) Der rohe Teig wird aus den angegebenen Zutaten mit den Fingern gerieben, nicht gerührt. Verkneten, zur Kugel formen und 1 bis 2 Stunden ruhen lassen. Danach 3 mm dick ausrollen, ums Nudelholz wickeln und auf dem Rand einer Tortenform von 26 cm Durchmesser abrollen. Den Teig innen an den Rand drücken und die überstehenden Ränder mit dem Nudelholz abschneiden. Auf dem Boden des Backofens 10 Minuten bei 180 Grad backen.

Während dieser Zeit habe ich die Äpfel geschält und in sehr dünne Halbmonde geschnitten. Die werden mit Zitronensaft beträufelt und mit 1 EL Zucker bestreut und durchgemischt. Wenn der Tortenboden vorgebacken ist, schichte ich die Apfelstücke sorgfältig dicht an dicht darauf, bestreiche sie mit flüssiger Butter und schiebe die Form wieder in den Backofen. Diesmal aber für zirka 30 Minuten im obersten Drittel. Nur wenig abkühlen lassen, mit Calvados begießen und warm servieren. Bei der klassischen Version werden die Äpfel mit Aprikosenmarmelade dünn bestrichen; auf den Apfelschnaps kann man dann verzichten. Schmeckt auch gut. Hauptsache, die Apfeltorte ist nicht dicker als 1 Zentimeter.

Weinempfehlung

Bei diesem Menü trinke ich gegen alle Regeln den Rotwein zuerst und dann den weißen. Allerdings gehört der rote zu den harmlosen, leichten, während die beiden Weißweine die Aufmerksamkeit der Kenner beanspruchen. Also zunächst einen gut gekühlten Beaujolais Village, nicht älter als ein Jahr. Der würde auch zu den Lauch-Kartoffeln passen, die allerdings von einem Bandol Rosé 1992 von der südfranzösischen Domaine Ott besser begleitet werden. Der Weißwein zum Huhn muß für mich ein Chardonney sein. Sehr elegant, also nicht aufdringlich breit, ist der 1991er Cuvaison aus dem kalifornischen Napa Valley. Und der normannische Apfeltorte stelle ich einen Landsmann zur Seite, einen Château Rieussec. Der 1988er ist nicht so honigsüß wie frühere Jahrgänge und paßt zum leicht säuerlichen Apfel.

Menü 8

Ruccola mit Pinienkernen

Fischcurry mit Äpfeln

Kaninchen mit Oliven

Erdbeerparfait

Salat ist populär. Viele halten ihn für überdurchschnittlich gesund. Das war er vielleicht vor einem halben Jahrhundert, als die Luft noch rein und der Boden sauber war. Sehr oft, wenn nicht meistens, wird er zum Hauptgang als Beilage serviert. Doch naßkalte Blätter zum Filetsteak sind nicht gerade delikat zu nennen. Seine Berechtigung hat Salat dagegen als erster Gang eines Menüs, sozusagen als Lockerungsübung vor der Kür.

RUCCOLA MIT PINIENKERNEN

Für 4 Personen:

1 Bund Ruccola;
2 EL Pinienkerne,
2 EL Rosinen,
100 g Sahne,
50 g Parmesan;
Zitronensaft, Salz,
1 TL Olivenöl

Rosinen sind auch noch drin und Sahne. Damit dieser Salat nicht für ein Dessert gehalten werden kann, verrühre ich in der Sahne etwas Zitronensaft und eine Prise Salz. Die Rosinen habe ich in Wasser eingeweicht. Weitere Vorbereitungen sind nicht nötig. Natürlich müssen die Ruccolablätter verlesen und gewaschen werden, worauf ich sie trocken schleudere. Dafür gibt es ein Gerät, das in keinem Haushalt fehlen darf. Es ist ein Topf (leider aus Plastik) mit Deckel, auf dem ein seitlich versetzter Knopf angebracht ist. Wenn ich den, und damit den ganzen Deckel, langsam drehe, dreht sich ein im Topf befindlicher perforierter Einsatz sehr schnell. Darin liegt der vom Waschen nasse Salat. Die Zentrifugalkraft schleudert das Wasser von ihm, welches sich unter dem Einsatz sammelt. Genial!

Wo eine solche Salatschleuder fehlt, sollte man sich erst gar nicht mit Salat beschäftigen. Denn nichts ist schlimmer als eine verwässerte Salatsauce.

Also trocken schleudern, auf Tellern anrichten, eine Handvoll Pinienkerne und die ausgedrückten Rosinen darüberstreuen. Und über alles die leicht säuerliche Sahne. Mein Trick bei diesem Salat: In die Sahne verrühre ich 1 TL Olivenöl und verteile auf den Tellern einige hauchdünn gehobelte Stückchen frischen Parmesan. Dadurch bekommt diese Einleitung so etwas wie einen sommerlich-südlichen Charakter.

Fischcurry mit Äpfeln

Für 4 Personen:

*800 g Rotbarschfilet,
400 g säuerliche Äpfel,
2 EL Rosinen,
1 Zitrone;
Thai-Curry;
Butter; 2 Tassen Langkornreis;
klare, entfettete Hühner- oder Kalbsbrühe*

Bei diesem Fischauflauf entscheidet allein die Menge darüber, ob es sich um eine delikate Vorspeise handelt, oder um ein sättigendes Hauptgericht. Auch im letzteren Fall wird sich die wichtige Eigenschaft dieses Currys bemerkbar machen: Es ist ein sehr leichtes Essen.

Zuerst koche ich Reis. Ich lasse 2 TL Butter in einem Topf von 21 cm Durchmesser heiß werden und schütte den Reis hinein. Rühren bis er glasig wird. Dann mit der Brühe aufgießen, sie sollte 1 cm über dem Reis stehen. Kräftig kochen lassen, bis die Flüssigkeit verschwunden ist und sich auf der Reisoberfläche kleine Krater bilden. Zudecken und auf die schwächste Hitzestufe stellen. Ungefähr 15 Minuten ziehen lassen, und der Reis ist trocken und gar.

Die Fischfilets müssen gleichmäßig dick sein. Dünne Filets taugen wenig; sie werden zu schnell gar. Ich schneide sie in mundgerechte Stücke und beträufele sie mit Zitronensaft.

Nun schäle ich die Äpfel. Sie werden in kleine, flache Stücke geschnitten und, sollten sie nicht säuerlich sein, ebenfalls mit etwas Zitronensaft beträufelt. Dann brate ich sie in 3 TL Butter in einer großen Pfanne an. Dabei sollen sie nicht braun, sondern nur halbwegs gar werden. Während des Bratens gebe ich die Rosinen dazu und bestreue alles mit 4 TL Curry. Der Thai-Curry unterscheidet sich vom Madras-Curry durch die Farbe. Er ist gelbgrün und nicht braun; auch sein Geschmack ist anders, feiner. Da der Curry sich vollständig auflösen soll, gieße ich eventuell ein wenig Wasser an die Äpfel.

Jetzt erhöhe ich die Hitze unter der Pfanne und lege auch die Fischstücke zu den Äpfeln. Leicht salzen und die Stücke bewegen, damit sie von allen Seiten mit dem heißen Pfannenboden in Berührung kommen. Außen weiß, sollen sie innen noch glasig, also nicht ganz gar sein. Das ist schon nach einer Minute der Fall. Vom Feuer nehmen. Der Reis ist inzwischen gar geworden. Ihn, den Fisch und die Äpfel vermische ich in einer Auflaufform, bedecke sie mit einer Alufolie und schiebe die Form in den Backofen. Bei 120 Grad 20 bis 30 Minuten durchziehen lassen. Dann sind auch die Fischstücke gar; jedoch nicht durch und durch, das würde sie trocken machen.

Die Kombination Curry plus Äpfel ist traditionell; Currysaucen werden immer mit geriebenen Äpfeln zubereitet. Die Menge des Currys ist hier nicht verbindlich. Die 4 TL erzeugen nur eine milde Schärfe. Die doppelte Menge entspricht eher einem richtigen Fischcurry. Doch das ist Geschmackssache.

Kaninchen mit Oliven

Für 4 Personen:

4 Kaninchenkeulen; 16 schwarze Oliven, 100 g Räucherspeck, 1 Glas Weißwein, 1 Stück Ingwerwurzel, Thymian, Olivenöl, 4 Knoblauchzehen, 1 unbehandelte Zitrone; Salz

Der Aufsteiger des Jahrhunderts heißt Kaninchen. Von den Ställen der Bergarbeiter auf die Tische der Feinschmecker – das nenne ich Karriere! Kein Wunder übrigens: In seiner kulinarischen Verwertbarkeit gleicht das Kaninchen dem Huhn. Sein Fleisch ist weiß, der Eigengeschmack nicht existent. Deshalb ist es variationsfähig wie kein anderes Fleisch und es bleibt sogar zart, wenn es unsachgemäß behandelt wird. (Der empfindliche Rücken ausgenommen; aber von dem ist hier nicht die Rede.) Bei diesem Rezept geht es nur um die Keulen des Kaninchens, welche wir heute sogar in den Kleinstädten einzeln kaufen können.

Meistens werden sie als zusammenhängendes Paar verkauft; ich schneide sie auseinander. Pro Person brauche ich 1 Keule. Sie werden gesalzen und in heißem Olivenöl angebraten. Im Öl habe ich einige Stücke durchwachsenen Räucherspeck ausgelassen, die verstärken das spätere Aroma. Zum Anbraten benutze ich eine längliche, flache Bratform, welche ich in den Ofen schieben kann. Das Anbraten dauert 15 Minuten, dann sind die Keulen rundherum hellbraun. Nun gebe ich pro Keule 4 schwarze Oliven und eine ungeschälte Knoblauchzehe in den Bräter, sowie einen Zweig frischer Thymian. Anstatt Pfeffer – der wäre wieder einmal schwarz und grob – würze ich diesmal mit frischer Ingwerwurzel. Geschält und fein gehackt, brauche ich davon für 4 Keulen einen gehäuften EL. (Ingwersüchtige nehmen die doppelte Menge.) Nun gieße ich 1 Glas trockenen Weißwein an, dann schneide ich eine unbehandelte Zitrone in Scheiben und lege diese auf die Kaninchenkeulen. Die Bratform wird mit Alufolie abgedeckt und in den 100 Grad heißen Ofen geschoben.

Von nun an wird langsam geschmort, nicht mehr stürmisch gebraten. Die niedrige Temperatur verhindert das Austrocknen des Fleisches; dafür nehme ich die verlängerte Garzeit gern in Kauf. Ich rechne mit ungefähr 50 bis 60 Minuten, bis das Fleisch gar ist und sich am Unterschenkel vom Knochen löst. (Woran übrigens auch beim Hühnerschenkel zu erkennen ist, daß jetzt gegessen werden kann.) Zwischendurch nehme ich den Bräter einmal heraus, probiere den Schmorsaft und fahre auch mit dem Finger über die Keule: dies ist die letzte Chance noch nachzuwürzen! Also Salz und Ingwer bereitstellen.

Am Ende der Garzeit nehme ich die Keulen aus dem Bräter und stelle sie warm. Thymian, Zitronenscheiben und die Speckstücke fische ich heraus; Knoblauch und Oliven dürfen bleiben. Sollte es nötig sein, reduziere ich den Schmorsaft auf dem Herd in einer Kasserolle, bis er die richtige Konsistenz bekommt: er sollte nicht suppig sein, sondern leicht sämig. Dabei ein letztes Mal abschmecken und abschließend einen Guß Olivenöl in die Kasserolle geben.

Ob ich die fertigen Kaninchenkeulen im Ganzen serviere oder das Fleisch zunächst von den Knochen löse, ist eine Stilfrage. Beides ist möglich; am köstlichen Geschmack dieses Gerichts ändert sich nichts.

Menü 8

Erdbeerparfait

Für 4 Personen:

*400 g Erdbeeren,
½ l Sahne,
4 Eigelb,
250 g Zucker;
2 EL Kirschwasser*

Sauce:

*150 g Erdbeeren,
Weißwein, Zucker,
Zitronensaft*

Frische Früchte sind das sommerliche Dessert schlechthin, und in ihrer kurzen Saison ist die Erdbeere unbestritten die Nummer Eins. Will man ihre Beliebtheit noch steigern, muß man Erdbeeren zum Parfait verarbeiten. Bei halbgefrorenem Sahneeis werden selbst Kalorienzähler schwach.

Ob im Mixer oder mit dem Elektroquirl, die gewaschenen Erdbeeren werden püriert und durch ein Sieb gestrichen, Dann schlage ich die Eigelb, bis sie cremig sind, und rühre den Zucker hinein. Ich schlage weiter und weiter, der Zucker löst sich auf, die Eier werden immer heller und schließlich dick. Ich gieße das Kirschwasser dazu. Diese Masse verrühre ich mit den pürierten Erdbeeren, schlage die Sahne steif und ziehe sie darunter. Zum Einfrieren fülle ich sie in die Form, die ich am nächsten Tag auf den Tisch stellen will. Ich schiebe sie über Nacht in das Eisfach des Kühlschranks. Wahrscheinlich ist das Parfait am nächsten Morgen sogar zu hart, dann kommt es vor dem Essen ins Gemüsefach.

Auch ein Parfait kann noch verbessert werden: durch eine Sauce. Ideal wäre hier eine aus Walderdbeeren. Doch die sind rar. Also zerschneide ich die frischen Erdbeeren und koche sie in Weißwein zu einem dickflüssigen Kompott. Das wird durchpassiert und mit Zucker und Zitronensaft so weit eingekocht, bis es eine sirupähnliche Konsistenz hat. Wieviel Zucker und wieviel Zitrone, das entscheide ich beim Abschmecken; wozu habe ich schließlich eine Zunge?

Ob auch hier abschließend noch ein Schuß Kirschwasser untergerührt wird oder nicht, beeinflußt das Gelingen kaum. Süchtig macht das Parfait mit dieser Sauce in jedem Fall.

Weinempfehlung

Gewürztraminer sind keineswegs immer süß, und die trocken ausgebauten passen oft zu Gerichten, bei denen viele Weißweine ungeeignet wären. So wäre bei dem Ruccolasalat ein Siebeldinger Königsgarten, eine trockene Gewürztraminer Spätlese vom Weingut Rebholz in Siebeldingen (Pfalz) nicht schlecht, und zum Fischcurry, wie zu den meisten asiatischen Gerichten, darf der Wein sogar eine leichte Süße haben. Da wäre ein anderer Pfälzer Wein, eine Rieslaner Auslese von Müller-Catoir in Haardt, ein passender Begleiter. Das Kaninchen mit den Oliven ist ein Grenzfall. Rotwein oder Weißwein, beide sind möglich. Der rote müßte dicht, aber weich sein; ein Merlot von Cuvaison aus dem Napa Valley erfüllt diese Bedingung bestens. Zum Parfait, wie immer, ein halbtrockener Sekt, und der darf dann wieder Prosecco heißen.

Menü 9

Vichyssoise

Gebratener Spargel

Lammcurry mit Zitronenreis

Soufflé Grand Marnier

Menü 9

Die Lauch-Kartoffel-Suppe ist ein Klassiker der Hausmannskost, eine herzerwärmende Angelegenheit für den armen Studenten wie für den verwöhnten Gourmet. Letzterer wird möglicherweise weiße Trüffel über die Suppe hobeln; der Student ißt drei Portionen und erinnert sich später an eine schöne Studienzeit. Tatsächlich ist die Kombination von gekochtem Lauch und gekochten Kartoffeln so ideal wie sonst nur Parmesan und Spaghetti.

Vichyssoise

Für
4 Personen:

*300 g Kartoffeln;
4 Stangen Lauch;
1 Zwiebel, 1 EL
Butter, 1 l Hühnerbrühe, 1 Becher
Sahne; Salz, weißer
Pfeffer, Petersilie*

Das ist eine Lauch-Kartoffel-Suppe für den Hochsommer, denn sie wird eiskalt gegessen. Und ein wenig anders zubereitet als die heiße Version. Der Topf kann derselbe sein, ein Kochtopf mit schwerem Boden. Ich schäle die Kartoffeln, welche kleingewürfelt werden. Sodann schneide ich das Weiße von 4 Lauchstangen in dünne Ringe und hacke eine mittelgroße Zwiebel in kleine Würfel. Lauch und Zwiebeln werden in 1 EL Butter angeschwitzt und solange gedünstet, bis sie weich sind. Sie dürfen aber auf keinen Fall Farbe annehmen! Also behutsam mit der Hitze umgehen und oft rühren! Sodann werden die Kartoffelwürfel hinzugefügt und alles mit 1 Liter klarer, entfetteter Hühnerbrühe aufgefüllt. Kochen lassen, bis die Kartoffeln weich sind (ca. 30 Minuten). Zu diesem Zeitpunkt dürften Lauch und Zwiebeln so zerkocht sein, daß ich sie, zusammen mit den Kartoffeln, pürieren und durch ein Sieb passieren kann. Die so entstehende Suppe sollte etwas sämig sein. Ist sie noch dünnflüssig, lasse ich sie etwas einkochen. Dann kommt der Becher süße Sahne dazu, und wieder wird etwas eingekocht. Dabei nun endlich auch abschmecken. Da gibt es bei der Vichyssoise nur Salz und weißen Pfeffer aus der Mühle – einer der seltenen Fälle, wo ich ihn überhaupt verwende.

Nun wird die Suppe im Kühlschrank gekühlt, damit ich sie am nächsten Tag eiskalt servieren kann. Sie muß sehr sämig sein, was nicht auf entweder die Sahne oder die Kartoffeln allein zurückzuführen sein darf. Beide müssen ihren konstruktiven Anteil leisten. Das zu gewährleisten, ist meine Aufgabe bei der darüber hinaus wirklich einfachen Zubereitung dieser Suppe. Ich bestreue sie mit gehackter Petersilie.

Gebratener Spargel

Für
4 Personen:

*1 kg grüner
Spargel;
Walnußöl, Salz*

Dazu nehme ich die grüne Sorte, deren kräftiger Geschmack auch das Gebratenwerden noch überlebt, wozu das feinere Aroma des weißen Spargels nicht imstande wäre. Grün bedeutet jedoch nicht wilder Spargel, der hat zu dünne Stangen. Für meinen Zweck sollten die nicht dünner als ein kleiner Finger sein; sind sie dicker, werden sie der Länge nach halbiert.

Zunächst natürlich geschält, das versteht sich bei Spargel von selbst. Dabei verfahre ich sehr großzügig: länger als 10 cm soll keine Stange sein, und da davon manchmal bis zu 4 cm auf den Spargelkopf entfallen, habe ich später garantiert keine holzigen Teile auf dem

Teller. Diese also werden in einer heißen Pfanne in Walnußöl gebraten. Nur leicht salzen und warten, bis sie gar sind.

Und weiter? Nichts mehr. Das leicht bittere Aroma des Spargels verbindet sich mit dem warmen Nußöl zu einem aparten Geschmack, der diese ungewöhnliche Vorspeise zu einem interessanten Teil des Menüs macht. Übrigens ist das Nußöl warm und nicht heiß, weil ich es erneuert habe. Wie oft bei Pfannengerichten wird das Bratfett stark erhitzt; zu stark für die feine Küche. Also nehme ich den Spargel aus der Pfanne, gieße das Öl weg und frisches Nußöl hinein. Die Pfanne kommt nicht mehr auf den Herd; sie dient jetzt nur dazu, den Spargel warmzuhalten und ihn mit dem unverbrauchten Aroma der Walnuß zu umhüllen.

LAMMCURRY MIT ZITRONENREIS

Für
4 Personen:

*1 kg Lammkeule;
1 saurer Apfel;
Sahne, Fleischfond;
Indian-Curry, Öl,
Salz, 2 Tassen
Basmati-Reis,
2 Zitronen
(Joghurt)*

Ein Pfannengericht für eilige Paare und Singles. Denn mehr als 400 g Fleischwürfel in der Pfanne zu braten macht Schwierigkeiten. Die Würfel würden übereinander liegen, und das ist das Schlimmste, was Fleisch passieren kann, das innen saftig bleiben soll. Notfalls muß man die Fleischwürfel in zwei Etappen braten. Denn sie sollten so viel Platz haben, daß sie ohne Gedränge nebeneinander liegen können.

Das Fleisch für diesen Lammcurry stammt aus der Keule. Er läßt sich auch mit dem Fleisch der preiswerteren Schulter herstellen. Das muß jedoch geschmort werden, was sehr viel länger dauert als das kurzgebratene Fleisch der Keule. Überdies wäre das Resultat ein anderes Gericht, exotischer und weniger leicht.

Also Lammkeule. Für 4 Personen kaufe ich 1 Kilo; nachdem ich es sehr sorgfältig von jeglichen Häuten, Fett und Sehnen gesäubert habe, sind höchstens 800 Gramm mageres Fleisch übrig. Das schneide ich in mundgerechte Würfel.

Zunächst bereit ich die Sauce vor. Dazu reibe ich einen halben, sauren Apfel und setze ihn mit einem halben Becher Sahne und der gleichen Menge konzentriertem Fleischfond in einer Sauteuse aufs Feuer. Dahinein streue ich die 3-4 TL Indian-Curry. Das ist die gelbbraune, scharfe Sorte.

Diese Mischung lasse ich zugedeckt auf mittlerer Hitze kochen, bis der geriebene Apfel sich aufgelöst hat. Da das nicht vollständig geschieht, treibe ich die Sauce zunächst durch ein Sieb. Das übliche Einkochen fällt hier aus, die Zutaten sollen nur gut vermischt und abgeschmeckt sein. Vielleicht gieße ich noch etwas Sahne oder Fond nach.

Die Art der Würzung ist durch den Curry zwar vorgegeben, aber wie scharf die Sauce wird oder wie sanft, das hängt eher von meiner Stimmung ab als von kulinarischer Notwendigkeit.

Gebraten werden die Fleischwürfel in wenig, aber sehr heißem Öl. Vorher salzen und dann 2 Minuten unbeweglich in der Pfanne anbraten, umdrehen und noch einmal 2 Minuten braten. Das genügt! Das Fleisch der Keule darf ja nicht durchgebraten werden.

Mit einem Schaumlöffel hebe ich die Fleischwürfel aus der Pfanne und gebe sie in die vorbereitete Sauce. Das alles spielt sich in wenigen Sekunden ab. Für den Fortgang gibt es zwei Möglichkeiten: Entweder ich serviere getrennt dazu einen Zitronenreis, oder ich vermische ihn mit Fleisch und Sauce.

Als Basis dient mir Basmati-Reis. Das ist eine Abart des polierten Langkornreis' mit

besonders kleinem Korn. Er ist um jene Nuance feiner, die in der Feinschmeckerei das Alltägliche vom Besonderen trennt.

Ein Zitronenreis ist immer etwas Besonderes. Dazu wasche ich (wie immer) den Reis in viel Wasser. Und zwar so, daß ich die Körner mit der Hand im Wasser reibe. So löst sich das anklebende Reismehl viel gründlicher, als unter fließendem Wasser allein. Das wiederhole ich, bis das Wasser klar bleibt. Man staunt, wie viele Waschungen dazu nötig sind! Der so gewaschene Reis wird gründlich abgetropft und mit dem Saft von 1½ bis 2 ausgepreßten Zitronen beträufelt und vermischt. Einige Stunden ziehen lassen. Dann, wie immer, mit Wasser aufsetzen und, wenn dieses verkocht ist, bei geschlossenem Deckel gar ziehen lassen. Diesen Reis also entweder neben dem Lammcurry servieren, oder mit ihm vermischen. In letzterem Fall verrühre ich in der Schüssel (bei 3 Portionen) noch einen Becher Joghurt unter den Lammcurry.

Soufflé Grand Marnier

Für 4 Personen:

*5 Eigelb,
120 g Zucker;
1 EL abgeriebene Orangenschale,
½ Weinglas Grand Marnier;
7 Eiweiß,
1 Msp Weinstein;
Puderzucker*

Ein Soufflé ist immer ein Balanceakt. Wenn es in seiner zerbrechlichen Pracht auf den Tisch gestellt wird, hält jeder den Atem an: Wird es halten? Oder in der nächsten Sekunde zusammenfallen?

Tatsächlich ist so ein Soufflé eine empfindliche Konstruktion. Doch seine Gefährdung wird übertrieben dargestellt. Mir ist noch kein Soufflé zusammengefallen, obwohl bei mir nicht in der Küche gegessen wird. Die Größe der Form, in der ein Soufflé gebacken wird, entscheidet weitgehend über Erfolg und Mißerfolg. Natürlich sieht es beeindruckend aus, wenn ich mit einem Soufflé von der Größe eines Zylinders erscheine. Doch in kleinen Portionsformen serviert, gelingt es immer. Also Porzellanformen mit geraden Wänden, deren Durchmesser nicht größer als 8 cm ist, ausbuttern und mit Zucker ausfüttern, bevor die Masse eingefüllt wird.

Diese wird folgendermaßen zubereitet (für 4 Personen): die 5 Eigelb mit dem Schneebesen verschlagen, nach und nach die 100 g Zucker dazugeben und weiter schlagen, bis die Masse dick und hell wird. Das geschieht, weil ich den Topf in einen größeren Topf gestellt habe, in dem sich sanft köchelndes Wasser befindet. Das nennt man ein Wasserbad (oder bain marie). Während ich also gleichmäßig und langsam die Masse mit dem Schneebesen bearbeite, überprüfe ich ab und zu mit dem Finger deren Temperatur. Sie soll heiß und dick werden, aber nicht so heiß, daß das Eigelb stockt! Sodann rühre ich 1 EL abgeriebene Orangenschale und das halbe Weinglas Grand-Marnier in die Masse. Grand Marnier ist ein Orangenlikör, der u.a. Hustenreiz besänftigt. Hier hat er jedoch nur eine kulinarische Funktion, indem er den Geschmack ans Soufflé bringt. Das alles fülle ich in eine große, halbkugelförmige Metallschüssel, wie sie Konditoren benutzen. Die wiederum stelle ich in einen Topf mit Eiswasser, wo die Masse bei weiterem Rühren erkalten soll.

Ist das geschehen, schlage ich die Eiweiß mit 1 Messerspitze Weinstein ganz steif. Weinstein ist ein weißes Pulver, das es in Apotheken gibt. In einem Soufflé erfüllt es die Aufgabe des stabilisierenden Mehls, sagt man. Ich habe es immer benutzt und immer auf einen Mehlzusatz verzichtet. (Der würde hier genauso bieder wirken wie in einer Sauce.) Ob Weinstein tatsächlich ein Wundermittel ist, kann ich nicht beweisen.

Vom sehr steif geschlagenen Eiweiß verrühre ich einen Löffel unter die Eigelbmasse,

damit sie etwas weniger dick wird, und hebe dann das restliche Eiweiß vorsichtig darunter.

Jetzt fülle ich die fertige Masse mit einem Gummispachtel in die Förmchen, wobei ich diese nur bis 3 cm unter den Rand fülle, da das Soufflé ja noch hoch aufgehen wird. Die Oberfläche glatt streichen.

Der Backofen ist auf 250 Grad vorgeheizt. Die Förmchen stelle ich in die Mitte auf den Rost. Nach 2 Minuten reduziere ich die Hitze auf 220 Grad und lasse ca. 20 Minuten backen. Das Soufflé ist gar, wenn es hoch über den Rand der Formen aufgegangen ist und eine schöne dunkelgelbe Farbe angenommen hat. Herausnehmen, mit Puderzucker bestreuen und sofort servieren.

WEINEMPFEHLUNG

Die kalte Lauch-Kartoffelsuppe und der gebratene Spargel haben etwas gemeinsam. Zu beiden paßt ein fränkischer Silvaner: 1992er Würzburger Abtsleite, Kabinett trocken, vom Bürgerspital. Beim Lammcurry wird's schwierig. Der Schärfe des Currys halten nicht viele Weine stand, bei den roten könnte es der Cahors Château Lagrézette schaffen; den 1990er habe ich in bester Erinnerung. Zum süßen Abschluß ist diesmal ein Leichtgewicht zu empfehlen. Ein halbtrockener Winzersekt wäre passend.

Menü 10

Salat
von
Keniabohnen

Lauchtorte
mit
Räucherlachs

Seewolf
mit
Fenchel

Milchreis
mit
Aprikosen

MENÜ 10

Eine der Erkennungsmelodien der Nouvelle Cuisine war *la salade folle*. Wer diesen Salat im Repertoire hatte, wußte, woher der Wind wehte. Auf gekochte *haricots verts*, diese kleinen, grünen Bohnen, die so dünn wie Stricknadeln sind, wurde alles gehäuft, was gut und teuer war, vor allem Trüffel und Gänseleber. Das ist inzwischen wieder aus der Mode gekommen. Dabei sind *haricots verts* – bei uns als Keniabohnen im Handel – eine tragfähigere Basis für einen verfeinerten Salat als Lollo Rosso und ähnliche Büschelware.

Salat von Keniabohnen

Für 4 Personen:

*ca. 500 g Keniabohnen;
250 g Gänseleberterrine,
200 g Kalbsbries (oder Champignons);
Olivenöl, Walnußöl, Sherry-Essig; Salz, Zucker, schwarzer Pfeffer*

Pro Person brauche ich nur eine Handvoll Bohnen. Da sie keine Fäden haben, knipse ich lediglich die beiden Enden ab. Dann werden sie gekocht. Bohnen werden gekocht wie Kartoffeln, das kann jedes Kind. Aber Geschmack dran bringen, das hat seine Tücken. Denn die dünnen Böhnchen werden im Handumdrehen gar, und in dieser kurzen Zeit nehmen sie kaum Geschmack an. Deshalb muß ich das Kochwasser in einer Weise versalzen, daß ich es entsetzt ausspucke, wenn ich probiere. Doch das Salz muß sein. Andernfalls schmecken grüne Bohnen lediglich grasig. Die Kochzeit beträgt ungefähr 6 bis 8 Minuten; den richtigen Zeitpunkt erkenne ich, indem ich eine Bohne herausfische. Sie darf nicht mehr starr sein, sondern muß sich leicht biegen. Trotzdem sollte sie noch etwas Biß haben, also nicht durch und durch weich sein. Das ist wichtig; denn matschige Bohnen sind ebenso undelikat, wie wenn sie al dente gekocht werden. Haben sie also die richtige Konsistenz erreicht, fische ich sie aus dem Topf und lege sie in eine Schüssel mit Eiswasser. Das verhindert das Nachgaren und frischt gleichzeitig die grüne Farbe der Bohnen auf. Dann abtropfen lassen.

In meiner Version ist die wichtigste Zutat bei diesem Salat eine Gänseleberterrine, das heißt, kleine Stücke davon. Die Terrine selbst zu machen wäre ideal, macht aber viel Arbeit und lohnt auch nur, wenn viele Besucher kommen. Also kaufe ich für 4 Personen 250 g fertige Terrine. Da muß ich wissen, welcher Feinkostladen die beste hat; noch besser ist es, sie in einem Gourmet-Restaurant zu kaufen, wo sie garantiert ohne Konservierungsmittel hergestellt und frisch sein wird. Im übrigen ist es egal, ob die Terrine von der Gänse- oder einer Entenleber stammt. Die wird in kleine Würfel geschnitten. Als zweite Zutat wähle ich frisch gebratene, also noch warme Kalbsbriesröschen. Davon brauche ich nicht viel, vielleicht pro Person 5 bis 8 Stückchen von der Größe einer Haselnuß. (Kalbsbries wird zuerst gesäubert, das heißt alle Häute und Sehnen herausschneiden. Dann 5 Minuten in gesalzenem Essigwasser blanchieren, auseinanderschneiden und die kleinen Stücke salzen und pfeffern und in Butter braten.) Anstelle von Bries passen aber auch rohe, in Scheiben geschnittene Champignons zur Gänseleber.

Diese Zutaten werden auf den Tellern dekorativ angerichtet, also nicht einfach vermischt. Die Vinaigrette gieße ich erst in letzter Minute darüber. Sie besteht aus gleichen Teilen Oliven- und Walnußöl, Sherry-Essig, Salz, einer Prise Zucker, schwarzem Pfeffer und sollte göttlich schmecken.

Lauchtorte mit Räucherlachs

Mürbeteig (Rezept siehe Seite 76); 3 Stangen Lauch, Butter, Salz, Cayennepfeffer, 2 TL Korianderkörner, Zitronensaft; Weißwein, 200 g Sahne, 2 Eier, Muskat; 1 dicke Scheibe Räucherlachs

Sie ist die Schwester der *Quiche Lorraine* und eine entfernte Verwandte der *Tarte Normande*. Der Teigboden ist ein Mürbeteig ohne Zucker; er wird diesmal nicht vorgebacken. Also den Belag auf den rohen Teigboden füllen. Für eine 26-cm-Form brauche ich 3 Stangen Lauch. Sie werden gewaschen wie im Menü 7 beschrieben (Seite 72) und in dünne Scheiben geschnitten. Dann, feucht wie sie sind, in einer großen Pfanne mit heißer Butter anschwitzen; nicht braten. Salzen und mit Cayennepulver sowie den 2 TL zerstoßenen Korianderkörnern würzen. Mit Zitronensaft beträufeln und mit trockenem Weißwein soweit auffüllen, daß der Lauch zugedeckt sanft garen kann. Das dauert ca. 8 Minuten, danach sollte das Gemüse kaum noch feucht sein. Gegebenenfalls den unerwünschten Saft ohne Deckel verkochen lassen. Abkühlen.

Währenddessen verschlage ich die Sahne mit den Eiern, Salz und einer Prise Muskat. Das vermische ich mit dem Lauch. Auf dem Teigboden verteile ich nun eine dicke Scheibe Räucherlachs, welche ich in kurze Streifen geschnitten habe. Darauf wird der Lauch mit der Eier-Sahne-Mischung gegossen, und dann kommt meine Vorspeise in den Ofen. Dessen Temperatur beträgt 180 Grad, die Backzeit zirka 30 Minuten.

Die Lauchtorte muß warm gegessen werden. Geschickte Küchenpraktiker backen sie dreiviertel fertig, um sie am Tag darauf im Ofen zu vervollständigen.

Seewolf mit Fenchel

Für 4 Personen:

2 Seewölfe (loup de mer); 1 Fenchelknolle mit Grün; 3 Tomaten; Olivenöl. 1 unbehandelte Zitrone, 1 EL schwarze Pfefferkörner, Salz; Weißbrot

Diese Kombination ist an der Côte d'Azur und in der südlichen Provence so selbstverständlich, wie in Norddeutschland der Schellfisch mit seiner Senfsauce. Beides typische Gerichte ihrer Region. Und beides geglückte Beispiele für die jeweilige Kulinar-Folklore.

Da ich oft in Südfrankreich wohne, habe ich weder mit dem *loup*, wie der Seewolf dort heißt, Probleme, noch mit dem Fenchel. Wenn ich beim Fischhändler einen *loup* kaufe, wird der selbstverständlich geschuppt, ausgenommen und mit frischem Fenchel gefüllt.

Dieses mediterrane Gewürz wächst in hohen Büschen und ähnelt ein wenig dem Dill. Für dieses Rezept brauche ich auch eine Knolle des Fenchel.

In einem flachen, länglichen Fischbräter (oder einer Gratinform) lege ich den Boden mit Tomatenscheiben aus. Die Tomaten habe ich vorher gehäutet. Die Scheiben werden gesalzen. Nun nehme ich die Fenchelknolle, entferne die beiden äußeren, dicken Blätter und schneide die Knolle ebenfalls in Scheiben. Die fallen sofort auseinander, aber das macht nichts. Ich verteile sie auf den Tomaten. Die schwarzen Pfefferkörner zerstoße ich im Mörser und streue sie über die beiden Gemüse, die ich abschließend mit einer halben Tasse Olivenöl begieße. Inzwischen habe ich den Backofen auf 250 Grad vorgeheizt. Dahinein stelle ich die Bratform und lasse Tomaten und Fenchel in dem Olivenöl ungefähr 20 Minuten schmoren.

Währenddessen kümmere ich mich um den Fisch. Er sieht herrlich aus, schlank und silbrig und reicht als Hauptgericht nur für zwei Personen. Er wird von außen und innen gesalzen (die Fenchelzweige bleiben im Bauch) und dann lege ich ihn in die Bratform auf die inzwischen fast garen Gemüse. Auf seiner Oberseite plaziere ich drei Zitronenscheiben, und dann schiebe ich die Form wieder in den heißen Ofen, dessen Temperatur ich jetzt auf 180 Grad zurückschalte. Zwanzig Minuten, länger nicht, gart er jetzt, dann ist er richtig.

Der Seewolf hat eine unwillkommene Eigenschaft: wenn er gar ist und ich ihm die Haut abziehe, ist sein Fleisch nicht, wie bei anderen Fischen, ein festes, zusammenhängendes Stück, sondern es fällt leicht auseinander. Er ist also nur schwer zu tranchieren. Doch diesen Nachteil nehme ich in Kauf; denn er hat einen äußerst delikaten Geschmack – vor allem in Verbindung mit dem Schmorsaft, den er, die Tomaten und der Fenchel zusammen mit dem Olivenöl gebildet haben.

Es wäre eine Sünde, etwas anderes als Weißbrot zum Seewolf zu essen.

Menü 10

Milchreis mit Aprikosen

Für
4 Personen:

*200 g Milchreis,
1 l Milch,
1 Vanillestange,
1 ungespritzte
Zitrone,
100 g Zucker
300 g frische (oder
250 g getrocknete)
Aprikosen,
2 EL Zucker,
2 Zitronen,
Weißwein,
Kirschwasser;
200 g Sahne*

Milchreis hat keinen besonders guten Ruf, ausgenommen in Kindergärten. Das liegt daran, daß er fast immer schwer, klebrig und auf eine plumpe Weise süß ist, die Feinschmecker nicht sonderlich schätzen. Vermutlich wird Milchreis ähnlich eingeschätzt wie Kartoffeln: er macht satt; und wenn man sich etwas Besseres leisten kann, verzichtet man gern darauf. Damit tut man ihm großes Unrecht.

Milchreis kann köstlich sein. Doch das bedingt ein unbequemes Streben nach Qualität. Da ist zunächst einmal die Reissorte. Alle, die schnelles und unproblematisches Kochen versprechen, sind, wie immer, zweitklassig. Sodann ist es nicht damit getan, die Reiskörner mit Milch und Zucker zum Kochen zu bringen. Auf diese Weise entsteht ein klebriger, klumpiger Brei.

Die 200 g Milchreis werden zunächst einmal in kochendes Wasser geschüttet, wo ich ihn wenige Minuten kochen lasse. Dabei löst sich das trübende und klebrige Reismehl. Durch ein Sieb abgießen und unter fließendem Wasser waschen. Abtropfen lassen. Jetzt die Milch mit einer aufgeschlitzten Vanillestange und 2 fingergroßen Streifen Zitronenschale zum Kochen bringen. Dahinein den Reis schütten, ohne Zucker! Deckel drauf und den Topf in die Mitte des Backofens stellen, wo der Reis bei 100 Grad 50 Minuten garen darf. Nachsehen und den Reis probieren ist gestattet, umrühren aber nicht! Dann die Vanille und die Zitronenschale herausnehmen und 100 g Zucker einrühren. Im heißen Reis schmilzt er sofort.

Jetzt brauche ich die Aprikosen (getrocknete vorher in Wasser einweichen). Die werden entsteint und geviertelt. In einer Kasserolle mit schwerem Boden lasse ich die 2 EL Zucker heiß werden und lösche mit dem Saft der Zitronen sowie 3 EL Weißwein ab. Die Aprikosen dazugeben und 10 Minuten schwach köcheln lassen. Öfter umrühren. Wenn der sich bildende Sirup aussieht, als wolle er karamelisieren, 1 großes Schnapsglas Kirschwasser angießen, noch einmal aufkochen lassen (damit der Alkohol verschwindet) und vom Feuer nehmen. Die Masse in den Reis einrühren. Abkühlen lassen, bis der Reis nur noch lauwarm ist. Dann die steif geschlagene Sahne unterziehen. In Portionsschüsseln abfüllen und warm servieren.

Nach diesem Prinzip läßt sich das meiste Obst, frisch oder getrocknet, mit Milchreis kombinieren. Und niemand wird mehr verächtlich von »Kinderfutter« reden.

Weinempfehlung

Der Salat ist großzügig, er läßt die verschiedensten Weine zu. Meine Wahl wäre eine halbtrockene Riesling Spätlese, zum Beispiel Dorsheimer Goldloch 1992 vom Schloßgut Diel in Layen (Nahe). Die Lauchtorte braucht dagegen einen nicht zu leichten, trockenen Wein: Riesling Kastelberg Grand Cru von Marc Kreydenweiss in Andlau, Elsaß. Der Seewolf mit seinem provençalischen Hintergrund wird glücklich sein mit einem Mont-Rédon blanc 1993, ein Weißwein aus Châteauneuf-du-Pape. Und der Aprikosenreis wird begleitet von einem süßen, aber nicht zu fetten Moscato wie der 1993er Nivole aus Asti.

Menü 11

Geflügellebermousse

Weiße Bohnen mit Calamares

Dorade mit Curry-Gurken

Omelette Surprise

Menü 11

Dieses Menü ist der Schönheit gewidmet, wenn auch kleine Tintenfische nicht jedermanns Schönheitsideal sind. Aber eine Dorade, da sind sich alle einig, ist unter den Fischen der schönste. Auch das Überraschungs-Omelette in seiner schneeweißen Luftigkeit ist ein Augenschmaus. Dagegen wirkt der Auftakt ein wenig brav.

Geflügellebermousse

ca. 300 g Hühnerleber, je 1 EL Cognac und Portwein; 200 g Crème fraîche, Salz, Pfeffer (Tomatenmark, Nelkenpulver)

Hühnerlebern sind am ehesten zu bekommen, aber nicht zwingend vorgeschrieben. 8 helle Hühnerlebern wiegen ungefähr 150 Gramm; ebenso viel Fettleber von der Ente oder Gans dazu gemischt, das wäre ideal. Wo sie nicht aufzutreiben sind, also die doppelte Menge vom Huhn. Doch sie sollten möglichst hell sein, die Lebern. Und gründlich von allen Sehnen gesäubert! Beim späteren Pürieren lösen die sich keineswegs auf. Deshalb nehme ich zusätzlich ein Haarsieb zur Hilfe.

Doch bevor es soweit ist, geschieht folgendes: Die gesäuberten Lebern werden auf sehr schwachem Feuer angebraten, besser: angedünstet. Sie dürfen auf keinen Fall braun und hart werden, und schon gar nicht dürfen sie durchgaren. Also nach kurzer Zeit aus der Pfanne nehmen. Den Bratensatz mit Cognac und Portwein ablöschen und über die Lebern gießen. Die Crème fraîche dazu und alles im Mixer oder mit dem Mixstab pürieren. Anschließend die Masse durch ein Haarsieb streichen. Dazu eignet sich ein flaches Bäckersieb besser als die halbrunde Sorte. Mit Salz und Pfeffer abschmecken, in eine Porzellanterrine füllen und in den Kühlschrank stellen. Steif werden lassen und mit einem Suppenlöffel Portionen ausstechen.

Das Rezept ist eindeutig, dennoch gerät jede Mousse anders. Das liegt an der Qualität und Menge des Weins und des Cognacs, an den Lebern selber, dem Grad ihrer Verbrennung in der Pfanne sowie an der Crème fraîche. Die kann nämlich auch eine Crème double sein, also fetter und weniger säuerlich, was sich selbstverständlich auf den Geschmack auswirkt.

Schließlich ist es denkbar, daß in der Küche ein wenig experimentiert wurde: 1 Teelöffel Tomatenmark gefällig? Oder eine Prise Nelkenpulver? Möglich ist vieles. Gut schmecken wird es auch.

Weisse Bohnen mit Calamares

Für 4 Personen:

12–16 »calamaretti«; Zitronensaft, Olivenöl; 200 g kleine weiße Bohnen; 2 Tomaten, 1 Handvoll schwarze Oliven, Basilikum, Knoblauchzehe(n); Salz, schwarzer Pfeffer

Auch wenn ich sie nicht als häßlich bezeichnen würde, gebe ich zu, daß sie viel Arbeit machen. Meistens werden Tintenfische gesäubert verkauft. Also ohne ihre dünne, dunkle Haut. Leider aber nicht so sauber, wie ich sie gern habe. Also stehe ich eine halbe Stunde in der Küche und befreie sie unter fließendem Wasser von den Hautresten, die besonders bei den Saugnäpfen ziemlich fest sitzen.

Hier ist von den kleinsten der Tintenfische die Rede, den *supions* oder *calamaretti*, wie sie am Mittelmeer genannt werden. Sie sind nicht größer als mein Daumen. Der Kopf wird vom Körper getrennt, dieser aufgeschnitten und von allem gereinigt, was die Händler übersehen haben. Wirkliche Arbeit machen nur die winzigen Saugnäpfe am Kopf. Aber auch damit werde ich einmal fertig. Dann kommt alles zusammen (ich rechne pro Person mit 3 bis 4 *calamaretti*) in eine Schüssel, wo die Stückchen zuerst mit reichlich Zitronensaft, danach mit ebenfalls nicht wenig Olivenöl übergossen werden. Eine Stunde ziehen lassen.

Inzwischen habe ich die weißen Bohnen gekocht. Es ist die kleine Sorte, die ich nicht einweichen muß, weil sie nach rund 2 Stunden im kochenden Salzwasser gar sind. Sie werden abgegossen und dürfen soweit abkühlen, daß sie nur noch lauwarm sind. Ebenfalls vorbereitet habe ich eine Tasse Tomatenkonkassée (siehe Seite 12), das auch noch nicht völlig erkaltet ist, sowie einige kleine, schwarze Oliven.

Das alles wird in einer flachen Schüssel vermischt, die mehr einem großen, ovalen Teller ähnelt. Jetzt stelle ich eine Pfanne auf den heißen Herd, gebe wenig Olivenöl hinein und schütte, wenn es heiß ist, die Tintenfische mitsamt ihrer Öl-Zitrone-Marinade hinein. Da kann von Braten natürlich keine Rede sein; die kleinen Stücke werden gedünstet. Dabei salze ich und streue großzügig groben, schwarzen Pfeffer drüber. Bereits nach 2 bis 3 Minuten sollten die *calamaretti* gar sein! Ein Probebiß überzeugt mich davon, und ich schütte sie mit dem Kochsaft über die Bohnen und vermische alles. Nach Belieben hobele ich noch hauchdünne, frische Knoblauchscheiben darüber. Dann einige zerrupfte Basilikumblätter, und mein sommerlicher Bohnensalat ist fertig. Dazu Weißbrot.

Dorade mit Curry-Gurken

Für 4 Personen:

2 Doraden, 2 Tomaten, 1 Fenchelknolle, 2 Zitronen, Salz, Pfeffer; 2 Tassen Langkornreis 1 Schlangengurke, Butter, Sahne, Thai-Curry

Die Dorade wird nicht anders gedünstet als der Seewolf. Also zuerst Tomatenscheiben und kleingeschnittenen Fenchel in eine flache Bratform geben; salzen, pfeffern und mit Olivenöl im Ofen bei großer Hitze garen. Dann die von innen und außen gesalzene Dorade in die Form legen und bei 210 Grad 20 Minuten garen lassen. Handelt es sich um einen großen Fisch, der eventuell für 3 Personen reicht, schneide ich ihn auf der Oberseite dreimal mit einem sehr scharfen Messer ein, damit die Hitze besser in das dicke Fleisch eindringt. Von unten, wo er auf dem heißen Gemüsebett liegt, wird er erfahrungsgemäß schneller gar als an der luftigen Oberseite. Auf die habe ich, wie bei fast allen Mittelmeerfischen, 3 Zitronenscheiben gelegt, die sorgen gleichzeitig für etwas Feuchtigkeit und Aroma.

Da es als Beilage diesmal trockenen Reis gibt, brauche ich ein Gemüse, das eine passende Sauce produziert. Das kann die Gurke wunderbar.

Ich schäle die Schlangengurke und halbiere sie der Länge nach. Den feuchten Innenteil mit den Kernen kratze ich mit einem Suppenlöffel heraus. Dann schneide ich sie in lange Streifen, welche ich mit dem Kochmesser in Würfel hacke.

Die Gurkenwürfel dünste ich in reichlich Butter in einer Pfanne an. Ich salze und gieße so viel Sahne an, daß sie halb darin davon bedeckt sind, und bestreue sie mit Currypulver. Wie immer bei Gemüse, bevorzuge ich den hellgrünen Thai-Curry. Ob ich davon 1 oder 2 TL nehme, hängt von meiner Stimmung ab. Für 2 Gurken sollte es jedoch nicht weniger sein. Die Gurkenwürfel sind schnell gar. Ich lasse die Sahne etwas einkochen, würze vielleicht mit einigen Tropfen Zitronensaft (abschmecken!), und wenn ich das Bedürfnis habe, das Gemüse jetzt auf der Stelle mit einem großen Löffel zu essen, dann ist es richtig.

Eine Dorade läßt sich glücklicherweise leicht filieren. Ich zeige sie meinem Gast in der Bratform, sie sagt OH! und AH!, und ich bringe den Fisch zurück in die Küche, wo ich das Fleisch von den Gräten löse. Der Abend ist gerettet.

OMELETTE SURPRISE

Pro Person:

2 bis 3 Kugeln Fruchteis;
1 Biskuitboden,
5 Eiweiß,
200 g Zucker

Überraschend an diesem Omelett ist, daß es überhaupt kein Omelett ist, sondern so etwas wie Salzburger Nockerln. Doch das hatten die Namensgeber nicht im Sinn, als sie es tauften. Sondern die wirklich überraschende Entdeckung, daß sich unter dem Berg von heißem Eierschnee ein kaltes Speiseeis verbirgt.

Das Eis mache ich nicht selber. In meiner Nachbarschaft gibt es einen Konditor, der stellt sein eigenes Eis her. Es ist so lecker, wie ein Eis nur sein kann. Vor allem hat es keine Ähnlichkeit mit der Künstlichkeit der Eissorten weltbekannter Großproduzenten. Das genügt mir. Ich kaufe einige Kugeln Fruchteis und bringe sie im Eisfach unter. Der Konditor verkauft auch Biskuitböden, die brauche ich ebenfalls. Nicht viel, aber genug, um damit eine große, ovale flache Kupferform auszulegen. (Jede andere feuerfeste Porzellanform tut's auch.)

Sodann schlage ich die 5 Eiweiß mit dem Zucker so fest, daß es steife Spitzen bildet. Das kann man mit einem elektrischen Rührgerät machen. Man sollte dann sehr langsam beginnen und die Geschwindigkeit des Rührers erst zum Schluß steigern.

Was ein richtiger Hobbykoch ist, der schlägt Eierschnee jedoch mit der Hand. Am besten geht es in einer großen, halbrunden Kupferschüssel, wie sie extra für diesen Zweck angefertigt werden. Sonst braucht man nur einen großen Schneebesen. Damit dauert es gewiß länger als mit dem Elektrorührer. Aber der Schnee wird lockerer, luftiger. Und das ist wieder eine der kleinen Nuancen, auf die es ankommt.

Wie dem auch sei – der Schnee ist geschlagen. Ich nehme die Eiskugeln und plaziere sie in einer Reihe auf dem Biskuitboden der Platte. Darüber häufe ich mit einem Spachtel den steifen Eierschnee und streiche ihn glatt. Er wird leicht mit Puderzucker bestreut und dann kommt das weiße Gebilde in den sehr heißen Ofen, und zwar so hoch wie möglich. Jetzt heißt es aufpassen: schon nach wenigen Minuten beginnt die Oberfläche des Schnees braun zu werden. Herausnehmen und vor den erwartungsvollen Gästen aufbauen. Die staunen nicht schlecht, wenn unter den vermeintlichen Salzburger Nockerln das kalte Eis zum Vorschein kommt!

Weinempfehlung

Dies ist ein Menü für die Freunde des Weißweins. Ich serviere zur Lebermousse einen halbtrockenen Riesling Kabinett aus dem Rheingau: 1992er Oestricher Lenchen vom Weingut August Eser in Oestrich-Winkel. Dessen diskrete Fruchtsüße erinnert daran, daß zur Gänseleber oft eine süße Beerenauslese getrunken wird. Die beiden nächsten Gänge dagegen sind, jedenfalls in diesem Menü, ein Fall für Weißweine. Ich schränke das ein, weil ich normalerweise zum Bohnensalat mit *calamaretti* einen frischen Rotwein aus Bandol trinken würde. So jedoch entscheide ich mich für einen unbekannten Lirac. Lirac ist eine Weinbauregion nordwestlich von Avignon; ihre Weine gehören nicht unbedingt zu denen, die jeder Weinbeißer kennt. Eine Ausnahme ist der Château d'Aqueria 1993, ein Wein, wie man ihn in Condrieu, viel weiter nördlich, erwartet, mit feiner Frucht und Vielschichtigkeit. Im Vergleich dazu ist der nächste eher robust. Aber zur Dorade mit den Curry-Gurken paßt er gut: ein 1993er Sancerre, Clos de la Chevilotte. Zum Eierschnee und Fruchteis wird es schwierig. Wenn es kein halbtrockener Winzersekt sein soll, von dem es gewiß passende Marken gibt, wäre eine Scheurebe Spätlese aus der Pfalz eine gute Wahl. Das Weingut Pfeffingen-Fuhrmann-Eymael hat einen 1992er Ungsteiner Herrenberg im Angebot.

Menü 12

Vitello tonnato

Piperade

Lachs mit Sauerampfer

Zitronenschaum

Menü 12

Die Anleihen bei den Küchen unserer Nachbarn mögen eine Nebenerscheinung des vereinten Europas sein, aber sie haben unseren Speisezettel erheblich erweitert und unsere Eßgewohnheiten vom teutonischen Kohldunst befreit. In diesem Menü sind gleich zwei Gerichte, die nicht auf unserem Mist gewachsen sind. Bei der Vorspeise stand Italien Pate, beim Zwischengang Südwestfrankreich. Und wenn man es genau nimmt, ist auch die Sauerampfersauce zum Lachs nicht gerade eine deutsche Spezialität.

Vitello Tonnato

Für 4 Personen:

500 g Kalbfleisch; Suppengemüse, Lorbeerblatt, Knoblauch, Salz, Pfeffer, 1/2 Kalbsfuß, 200 g Thunfisch (Dose), 1 Eigelb, 6 Sardellenfilets, 2 EL Kapern, Olivenöl, Limonensaft, Cayenne, Tomatenmark (Sojasauce, Balsamico)

Damit begannen nur wohlhabende Bürger ein Menü: kaltes, gekochtes Kalbfleisch wird in einer ebenfalls kalten Thunfischsauce serviert. Dem Charakter einer Vorspeise entsprechend, brauche ich vom Kalbfleisch nur wenig. Es ist also ratsam, ein gekochtes Stück vom Kalb als Hauptgericht zu servieren, und die kalten Reste am nächsten Tag für diese Vorspeise. Kleinere Stücke als 500 g sind weder zum Kochen noch zum Schmoren ideal.

Gekocht wird das Fleisch von der Keule wie immer in einer Court Bouillon, in einer Gemüsebrühe also, die das übliche Lorbeerblatt enthält, den Lauch und die mit Nelken gespickte Zwiebel, sowie Karotte, Petersilie, Knoblauch, Pfeffer und Salz. Diese Gemüse zusammen mit einem halben, zerhackten Kalbsfuß 30 Minuten in Wasser kochen lassen. Dann das Fleisch einlegen, einmal aufkochen und die Hitze auf 90 Grad herunterschalten. In diesem heißen Sud zieht das Fleisch 1 1/2 bis 2 1/2 Stunden. Bei der niedrigen Temperatur kommt es auf eine Stunde nicht an; es bleibt in jedem Fall saftig und innen leicht rosa. Ich lasse es in der Brühe erkalten. Sollte sich an deren Oberfläche Fett absetzen (was bei magerem Kalbfleisch nicht viel sein dürfte), schöpfe ich es ab. Dann gieße ich die Brühe durch ein Haarsieb, weil ich sie für die Sauce verwenden will. Für die brauche ich zunächst den weißen Thunfisch aus der Dose. Der muß naturell eingelegt sein, also ohne Gemüse oder Sauce. Er wird zusammen mit 1 Eigelb, den Sardellenfilets (Anchovis) und den Kapern mit dem Mixstab püriert. In den dabei entstehenden Brei gieße ich ungefähr 1 Tasse Kalbsbrühe und schlage dann nach und nach fast ebensoviel Öl hinein. Das kann ein leichtes, also nicht sehr fruchtiges Olivenöl oder ein anderes Pflanzenöl sein. Abgeschmeckt wird die so entstehende Sauce mit einigen Tropfen Limonensaft, einer Prise Cayenne, einer Messerspitze Tomatenmark und, wenn dies nötig erscheint, mit Salz. Süße Sojasauce oder feiner Balsamico-Essig sind ebenfalls möglich. Das kalte Kalbfleisch wird in dünne Scheiben geschnitten, auf Tellern angerichtet und mit einigen Kapern garniert. Die Sauce drumherum gießen.

Piperade

Für 4 Personen:

500 g Tomaten, 2 grüne und 2 rote Paprikaschoten, 4 Frühlingszwiebeln, 2 Knoblauchzehen, Basilikum, Olivenöl, Salz, schwarzer Pfeffer, 6 Eier, Butter

So mancher Mann wird sich an seine Junggesellenzeit erinnern, als ein ähnliches Pfannengericht eine große Rolle bei seiner Ernährung spielte. Die Piperade besteht aus Gemüse und Rührei. Im einzelnen: Tomaten; grünen und roten Paprikaschoten; 1 große Tasse in dünne Scheiben geschnittene Frühlingszwiebeln; 2 großen Knoblauchzehen; 1 Handvoll Basilikum; Olivenöl, Salz, schwarzer Pfeffer. Außerdem 6 Eier und Butter.

Tomaten und Zwiebeln müssen von der bekannten 1. Qualität sein, letztere also nicht braun und die Tomaten nicht mehlig.

Aus den Tomaten bereite ich ein Konkassée (siehe Seite 12). Die Zwiebeln mit dem gehackten Knoblauch in Olivenöl anschwitzen, ohne daß sie braun werden. Die Paprika habe ich halbiert, entkernt und die hellen Stege herausgeschnitten. Dann in kurze, schmale Streifen schneiden. Ich gebe sie zu den dünstenden Zwiebeln und lasse sie zugedeckt etwa zehn Minuten garen. Dann füge ich das Tomatenkonkassée hinzu und würze mit frisch geschrotetem schwarzen Pfeffer und Salz. Das fertige Gemüse soll feucht, aber nicht suppig sein. Überschüssige Feuchtigkeit verkoche ich auf großer Hitze; eine größere Pfanne hätte sie erst gar nicht entstehen lassen.

Nun verquirle ich die Eier und salze sie. In einer anderen großen Pfanne lasse ich reichlich Butter heiß werden und gieße die Eier hinein. Sobald sie zu stocken beginnen, rühre ich sie mit der Gabel einmal durch und schütte das fertige Gemüse dazu. Kurz erhitzen, bis die Eier die Konsistenz von Rührei erreicht haben. Mit zerrupften Basilikumblättern vermischen und sofort servieren.

Lachs mit Sauerampfer

Für 4 Personen:

*600-800 g Lachs;
Wein, Essig, Salz, Pfeffer;
je ¼ l Fischfond, Weißwein und Wermut;
2 EL gehackte Schalotten,
100 g Sauerampfer,
½ l Sahne; Salz, Pfeffer
(Salzkartoffeln)*

Der gute alte Lachs. Es gibt ihn zwar fast nur als Produkt von norwegischen und schottischen Züchtereien, aber sogar die Zuchtlachse schmecken noch gut, wenn man sich nicht an Wildlachs erinnert.

Ich kaufe immer mehr Lachs als ich brauche. Denn kalte Reste lassen sich am nächsten Tag mit einigen Tropfen Zitronensaft und Olivenöl in einen kleinen Salat verwandeln. Und ein großer Salat wird es sein, wenn ich den kalten Fisch mit einer Knoblauchmajonnaise anrichte.

Doch hier geht es um ein warmes Hauptgericht. Pro Person brauche ich ein 3 cm dickes Kotelett, also eine quer geschnittene Lachsscheibe. Die wird ungefähr 150 bis 200 Gramm wiegen. Mit 20% Abfall muß ich rechnen. Da ist einmal die dicke Haut, und dann sind die Bauchlappen auch nicht das, was ich meinen Gästen auf die Teller laden möchte. Sie sind nicht rosa sondern weiß und bestehen überwiegend aus Fett. Die werden weggeschnitten. (Eine elegantere Art des Zuschnitts sind dünne Lachsschnitzel, die wie Räucherlachs von der Seite geschnitten werden. Das lasse ich vorsichtshalber vom Fischhändler machen. Die Garzeit dieser Schnitzel beträgt kaum eine Minute.)

Das dicke Kotelett bedingt zwar eine rustikale Zubereitung, aber bei ihm kommt die schönste Eigenschaft des Lachses am besten zur Geltung: Das Fleisch ist außen hell- und innen dunkelrosa. Der dunkle Kern ist wunderbar saftig und schmeckt trotzdem nicht roh. Weil Lachs, im Gegensatz zu vielen anderen Fischen, einen Eigengeschmack hat. Außerdem werden die Koteletts in einem stark gewürzten Sud pochiert. Er besteht aus Wasser, Wein und Essig, wird kräftig gesalzen und stark gepfeffert. Subtile Aromen sind wirkungslos, weil die Garzeit auch beim dicken Stück so kurz ist, daß sie vom Fisch gar nicht angenommen würden. Also sauer und salzig. Und scharf. Diesen Sud in einem Topf zum Kochen bringen, wo die Lachskoteletts nebeneinander Platz haben. Die Stücke einlegen und den Topf vom Feuer nehmen. 8 bis 12 Minuten – das richtet sich nach der Dicke der Stücke – ziehen lassen, und der Fisch ist gar. Früher hat man Lachs wahrscheinlich länger in stets kochendem Wasser gegart, deshalb haben sich die Dienstboten darüber beschwert. Denn dreißig Minuten bei hundertzehn Grad, da bleibt dem Lachs nichts anderes übrig, als strohtrocken zu werden.

Die Sauce habe ich größtenteils vorbereitet. Die Zutaten bestehen aus je ¼ l Fischfond, Weißwein und Wermut; den gehackten Schalotten, dem Sauerampfer, der Sahne, Salz und Pfeffer. Die drei Flüssigkeiten in einer Kasserolle mit den sehr fein gehackten Schalotten zum Kochen bringen und so lange reduzieren, bis sich der Fond sirupartig verdickt. Durchsieben und die Schalotten ausdrücken. Etwas Sahne angießen, einkochen, neue Sahne, und so weiter, bis die Sahne aufgebraucht ist und ebenfalls eine sämige Konsistenz erreicht hat. Dabei salzen und pfeffern (aus der Mühle). Den Sauerampfer von verwelkten Rändern und Spuren von Schneckenfraß säubern. Waschen, in 4 cm breite Bahnen schneiden und aufeinander legen. Mit dem Kochmesser in schmale Streifen schneiden und gründlich waschen. Dann tropfnaß in einen trockenen, heißen Topf geben und zusammenfallen lassen. Abtropfen und unter die reduzierte Sahne mischen.

Die Lachskoteletts werden enthäutet und auf Tellern angerichtet, die grün-weiße Sauce daneben gegossen. Wenn es denn sein muß, gibt es dazu Salzkartoffeln.

Zitronenschaum

2 unbehandelte Zitronen, 300 g Sahne, 150 g Zucker, 4 Eier; Salz, Melisse, Puderzucker (Pflaumen, Rotwein, Zimt)

Im Gegensatz zur Zitronencreme enthält der Schaum keine Gelatine. Er wirkt dadurch besonders leicht, ein Eindruck, der durch den säuerlichen Geschmack verstärkt wird, leider aber eine Fehleinschätzung ist. Die Zutaten verraten, warum.

Zunächst trenne ich das Eigelb vom Eiweiß. Letzteres stelle ich in den Kühlschrank, wo auch schon die Sahne in einer vorgekühlten Schüssel auf ihren Auftritt wartet. Sodann reibe ich die Schale der beiden Zitronen ab, welche ich auspresse. Die Eigelb verrühre ich mit dem Zucker im Wasserbad zu dem bekannten, immer heller werdenden cremigen Brei. Dabei mische ich nach und nach die geriebene Schale und den Saft der Zitronen darunter. Die Masse wird immer steifer, darf aber auf keinen Fall kochen! Wenn sie den Rücken des Holzlöffels so überzieht, daß dort ein rosenähnliches Ornament entsteht, wenn ich drauf blase, ist sie heiß genug. Sie wird unverzüglich in eine gekühlte Porzellanschüssel umgefüllt und weiter abgekühlt. Jetzt die Sahne steif schlagen. Ich mache das zunächst mit dem langsam drehenden Elektroquirl, dann nehme ich den Schneebesen zur Hand. Das ist zwar etwas Mehrarbeit, macht die Sahne aber luftiger. Nicht anders wird das Eiweiß behandelt, dem ich jedoch eine Prise Salz hinzufüge: zuerst elektrisch, dann mit der Hand. Es muß, wie die Sahne, sehr steif sein. Diese wird zuerst, dann das Eiweiß unter die kalte Zitronenmasse gezogen. Noch einmal kühl stellen.

Damit die Augen nicht ratlos über die schlichte, gelbe Schaummasse wandern, die ich da servieren will, dekoriere ich sie mit feuchten Melisseblättchen, die ich durch Puderzucker gezogen habe. Und wenn das Ende des Sommers gekommen ist und die Pflaumen reif sind, koche ich mit Rotwein und Zimt eine Pflaumensauce, welche dem Zitronenschaum den angemessenen Rahmen liefert.

Weinempfehlung

Zum kalten Kalbfleisch mit der Thunfischsauce ein Pinot grigio, das ist naheliegend. Der 1992er von Gradimiro Gradnik aus Cormons (Friaul) ist einer der besten. Die Piperade braucht ein kräftiges Gegengewicht. Mit Rücksicht auf den folgenden Fisch, soll es wieder ein Weißwein sein. Der Hamilton Russel 1991, ein Chardonnay aus Südafrika, hat nicht die vielen Exoten anhaftende Plumpheit. Er ist geradezu burgundisch elegant und stellt an seinen Nachfolger hohe Ansprüche. Die erfüllt zweifellos ein Chevalier-Montrachet 1989 von Morey, eines der Prachtexemplare von der Côte-d'Or. Und zum schaumigen Dessert ein Schaumwein aus dem Elsaß, nicht süß, sondern zum Durstlöschen: 1991er Crémant d'Alsace von Pierre Becht in Dorlisheim.

Menü 13

Kürbiscrème

Gemüserisotto mit Oliven

Lachsforelle mit Limonen

Blaubeerpfannkuchen

Die meisten Fische sind zu schade, daß man zu ihnen auf den Teller packt, was man bezeichnenderweise eine Sättigungsbeilage nennt. Vor allem die zarte Forelle kommt in ihrer reinen Form am besten zur Geltung. Der Risotto mit dem südlichen Aroma geht ihr voraus, und somit ist das Gleichgewicht dieses Menüs wiederhergestellt. Zu seiner Abrundung beginne ich mit einer blaß-rosa Suppe.

KÜRBISCRÈME

Für 4 Personen:

800 g Kürbis, (Hühnerbouillon), 1 Becher Sahne, Salz, Pfeffer, Ingwer, Thai-Curry; Zitronensaft, Olivenöl

Wieder ist es der grotesk-unförmige Gärtnerstolz, von dem ich nur ein recht kleines Stück brauche. Und wieder werden zuerst die Reste der Innereien herausgekratzt, dann schäle ich das Stück und schneide es in Würfel. Mit Wasser aufsetzen, sofern keine Hühnerbouillon zur Hand ist, und weich kochen. Mit dem Mixstab pürieren. Dabei verwandelt sich der Kürbis in einen orangefarbenen Brei. Ich gieße 1 Becher Sahne dazu. Der Brei wird verdünnt, die Farbe hellt auf.

Das ist der Zeitpunkt, wo das Kochen beginnt. Damit meine ich das Würzen; alles bisherige war ja nur die Vorbereitung dafür. Zuerst Salz, das ist klar. Dann Pfeffer. Hier habe ich die Wahl zwischen allen Pfeffersorten, die es gibt. Kürbis besitzt die Gutmütigkeit der Kartoffel. Ich kann mit ihm anstellen, was ich will, er nimmt es gelassen hin. Diese Version scheint deshalb nur auf den ersten Blick exzentrisch. Ich schäle ein pflaumengroßes Stück Ingwerwurzel, reibe es breiig (auf der Muskat- oder Gemüsereibe) und rühre den scharfen Brei in die Suppe.

Neuerdings ist im Handel eine andere Art von Ingwerwurzel aufgetaucht, als wir sie in den vergangenen Jahren benutzt haben: noch frischer. Sie ist dicker, weil noch nicht eingeschrumpelt, und ihre Schale ist nur eine dünne Haut, wie bei jungen Kartoffeln. Innen ist sie sehr saftig, und die dünnen Fasern haben sich noch nicht gebildet. Auch geschmacklich unterscheiden sich die jungen Wurzeln von den älteren. Sie sind feiner und etwas weniger scharf. Wer diesen frischen Ingwer zum ersten Mal in der Küche verbraucht, erkennt, daß wir uns bisher mit minderer Qualität beholfen haben.

Zusätzlich zur süßlichen Schärfe des Ingwers, würze ich die Kürbissuppe mit Curry. Und zwar wieder – wie immer bei Gemüsegerichten – mit dem grünen Thai-Curry. Der Rest ist Abschmecken. Einige Tropfen Zitronensaft können mir heute willkommen sein; morgen greife ich vielleicht zum Olivenöl. Das fruchtige, grüne vermag sogar einer Sahnesuppe einen zusätzlichen Glanz zu geben. Aber erst drübergießen, wenn die Kürbiscrème bereits in den Tellern ist!

Gemüserisotto mit Oliven

Für 4 Personen:

3 Tassen Reis (Avorio oder Vialone); Weißwein, Bouillon; 2 rote und 1 gelbe Paprikaschote, 1 Stange Lauch; Sojasauce, Cayennepfeffer; 15 schwarze Oliven; Olivenöl, Salz

Dieser feuchte Reistopf der norditalienischen Küche ist kinderleicht herzustellen und ebenso leicht zu ruinieren: man muß den Herd nur 5 Minuten verlassen, und schon brennt er an. Also immer dabei stehen und rühren.

Die Reissorten Avorio oder Vialone haben runde Körner und sind in jedem besseren Supermarkt zu finden. Sogar die benötigte Bouillon (Rind oder Huhn) gibt es fertig zu kaufen. Man kann Risotto aber auch mit Wasser kochen. Und Weißwein; der gehört nun einmal dazu.

Die Oliven entkerne ich und schneide sie in kleine Stücke. Die Paprikaschoten werden gründlich gesäubert und gewürfelt (nicht größer als ein Hemdenknopf). Desgleichen das Weiße und das Hellgrüne vom Lauch. Davon lege ich 2 EL zur Seite. Den Rest und die Paprikawürfel schwitze ich in Olivenöl an. Pfeffern und 1 EL Sojasauce dazugeben. Salzen nur dann, wenn die Bouillon nicht bereits gesalzen ist. Mit ihr lösche ich die schmorenden Gemüse ab, gebe die Oliven dazu und lasse zugedeckt 5 bis 8 Minuten garen. In einer abgerundeten Stielpfanne mit hohem, schrägen Rand (Sauteuse) lasse ich 1½ EL Olivenöl sehr heiß werden. Darin die beiseite gestellten Lauchwürfel anbraten und die 3 Tassen ungewaschenen Rundkornreis dazugeben. Unter ständigem Rühren glasig werden lassen, dann etwas Bouillon angießen. Die verkocht schnell. Dann gieße ich ein Glas Weißwein in den Reis. Rühren. Wieder Bouillon. Und weiter rühren, bis die Flüssigkeit fast verschwunden ist. Wieder Wein. Undsoweiter, bis die Körner weich sind, innen aber noch einen festen Kern haben.

Insgesamt habe ich in 15 bis 20 Minuten ungefähr zwei Drittel Bouillon und ein Drittel Wein verbraucht. Der Wein bringt eine leichte Säure in den Risotto, was ihm gut bekommt. Abschließend werden die garen Gemüsewürfel untergemischt und das Ganze noch einmal abgeschmeckt. Wäre dieser Risotto ein Hauptgericht, würde ich ihn mit frisch geriebenem Parmesan servieren. So aber gibt es nur eine kleine Portion und keinen Käse. Lediglich auf den abschließenden Guß Olivenöl verzichte ich nicht.

Lachsforelle mit Limonen

Für 4 Personen:

2 Lachsforellen;
2 Limonen, Butter, Weißwein, Zitronensaft, Salz

Salzkartoffeln
Blattspinat

Forellen sind wie Äpfel. Es gibt verschiedene Sorten, aber alle entstammen der kontrollierten Aufzucht. Und vom Originalgeschmack, den der alte Waltherspiel noch für so köstlich hielt, daß er davor warnte, eine Forelle anders als in purem Salzwasser zu kochen, haben wir keine Vorstellung. Wir begnügen uns mit den Produkten der Züchter. Und manchmal sind die gar nicht einmal so schlecht.

Die Lachsforelle heißt so, weil ihr Fleisch rosa ist wie das vom Lachs. Die Farbe stammt vom Futter. Ihr Vorteil ist ihre Größe. Meistens sind die Forellen mit der rosa Innendekoration nämlich größer als andere Forellen. Warum, weiß ich nicht. Aber sie geben mir Gelegenheit, mit zwei von ihnen vier Personen beglücken zu können. Das erspart Arbeit.

Die Fische werden aufgeschnitten, ausgenommen und ausgespült. Meistens macht das der Fischhändler. Nur wenn ich direkt zum Züchter fahre, wo ich die Fische garantiert frisch bekomme, bleibt diese Arbeit auf mir sitzen. Doch die ist keine Affäre, zumal eine Forelle keine Schuppen hat.

Die beiden Fische salze ich von innen und außen und lege jede einzeln auf ein großes Stück Alufolie. Pro Fisch schneide ich eine Limone in dünne Scheiben, mit denen ich den Fisch dicht belege. Einige ebenso große Scheiben Süßrahmbutter lege ich obenauf. 2 EL trockenen Weißwein angießen. Dann wird jeder Fisch einzeln in seine Folie luftdicht eingepackt. Die Ränder der Folie sorgfältig verschließen, damit vom Saft nichts auslaufen kann. Vorsichtshalber lege ich die beiden Pakete in eine Bratform, welche ich vorher im Backofen bei 200 Grad erhitzt habe. Die Form kommt zurück auf die mittlere Schiene des Ofens. Nach 15 bis 20 Minuten sind die Forellen gar.

Ich öffne die Folie über einer Kasserolle, um den Saft aufzufangen. Den lasse ich kurz aufkochen und montiere abseits vom Feuer einige kalte Butterstückchen ein. Wenn ich nachwürzen muß: nur Salz und Zitronensaft. Das geht sehr schnell und muß auch schnell gehen. Gekochte Fische warten nicht gern.

Ich entferne die Zitronenscheiben und ziehe den beiden Fischen die Haut vom rosa Fleisch. Zerteilt werden sie erst am Tisch. Das bißchen Sauce, das ich da gewonnen habe, gieße ich über die ausgelösten Filets. Dazu entweder Salzkartoffeln oder buttrigen Blattspinat. Die Reinheit dieser Zubereitung bekommt den Forellen wunderbar; sie schmecken ganz pur, also ungefähr so, wie es sich Alfred Waltherspiel damals vorgestellt haben mochte.

Blaubeerpfannkuchen

Für 4 Personen:

*125 g Mehl, 2 Eier,
25 g Vanillezucker,
200 g Sahne,
1 EL Cognac; Salz
500 g Blaubeeren;
Zitronensaft;
Butter,
Puderzucker*

Das klingt nach Kinderküche, ist es wohl auch. Aber was sonst soll man mit diesen herrlichen Beeren anfangen? In einer Quarkspeise sind andere Früchte ebenso lecker. Aber in ihrem Element sind sie auf einem dicken, fetten Pfannkuchen.

Fett – wie er im Märchen beschrieben wird – bedeutet bei einem Pfannkuchen nichts anderes als viele Eier. Und etwas Sahne. Aber ich will nichts übertreiben. Hier ist eine manierliche Version, die in einem feinen Menü nicht unangenehm auffällt:

Das Mehl mit den Eiern, dem Vanillezucker und der Sahne mit dem Schneebesen zu einem glatten Teig verrühren. 1 Prise Salz und 1 EL Cognac untermengen und den Teig, der eine Konsistenz wie dicker Rahm haben sollte, einige Stunden ruhen lassen.

Die Wald- (oder Blaubeeren) waschen und die Hälfte von ihnen mit der Gabel zerdrücken. Mit einigen Tropfen Zitronensaft beträufeln. Alle Obst- und Beerendesserts gewinnen durch die Säure der Zitrone an Raffinement; süß allein wirkt meistens plump.

In einer kleinen Eisenpfanne 1 TL Butter auslassen. Als meine Kinder noch zu Hause und pfannkuchensüchtig waren, hatte ich dafür eine Spezialpfanne, in der nichts anderes als Pfannkuchen gebacken wurden. Wie wichtig das ist, merkt man, wenn man sich daran macht, Pfannkuchen in einer Pfanne zu backen, die sonst für Fleisch und andere Dinge benutzt wird: Erst der vierte oder fünfte Pfannkuchen gelingt richtig! Vorher gibt es nur Frust.

Also nicht gleich weinen, wenn der erste anklebt, der zweite zerreißt und was sonst alles bei diesem simplen Kinderdessert passieren kann.

Den Teig in die heiße Butter gießen und warten, bis er an der Unterseite fest geworden ist. Da man das nicht sehen kann, braucht man dazu ein bißchen Gefühl. Dann die Blaubeeren auf der noch rohen Oberfläche verteilen und mit Puderzucker bestreuen. Irgendwann – das kann 30 Sekunden oder 1½ Minuten später sein, wieder ist hier das Gefühl gefragt und nicht die Uhr – lege ich einen Deckel auf die Pfanne. Auch das nur eine sehr kurze Zeit; denn die Beeren sollen zwar vom Zucker leicht glasiert, aber nicht matschig werden.

Plötzlich ist er gar, der kleine Pfannkuchen, und eine letztlich originelle Süßspeise beschließt dieses Menü.

Weinempfehlung

Wieder ein reines Weißwein-Menü. Zur Suppe fände ich eine trockene Weißburgunder Spätlese passend, zum Beispiel den 1993er Ihringer Winklerberg vom Weingut Dr. Heger in Ihringen (Kaiserstuhl). Zum Risotto ein Collio bianco aus dem Friaul. Der 1992er der Azienda Agricola Pra di Pradis in Cormons ist ein eigenwilliger Vertreter dieser beliebten Weine, dessen Derbheit gut zum Risotto paßt. Bei der Forelle wird die Tonart gewechselt. Hier ist ein edler Riesling am Platz: der Geheimrat »J«, Riesling Spätlese trocken 1989, von der Güterverwaltung Wegeler in Östrich (Rheingau). Zum süßen Pfannkuchen kann auch der Wein nur süß sein. Damit mir die doppelte Süße aber den Mund nicht verklebt, ist eine deutliche Restsäure wünschenswert. Die hat die Muskateller Beerenauslese, Siebeldinger Königsgarten 1990 vom Weingut Rebholz in Siebeldingen (Pfalz).

Menü 14

Gratinierter Chèvre

Morcheln unter Blätterteig

Hühnerbrust mit Estragon

Vanilleparfait mit Himbeercoulis

Daß ein Essen mit einer Vorspeise beginnt, ist eine Binsenweisheit. Aber wer kann behaupten, bei ihm gäbe es sie täglich? Auch in meiner Küche ist das nicht der Fall. Wenn sie aber schon nicht alltäglich ist, sollte die Vorspeise einen besonderen Pfiff haben. Die pfiffigste ist leider auch die teuerste: Kaviar. Es geht aber auch mit Käse.

Gratinierter Chèvre

Für 4 Personen:

2 kleine Ziegenkäse; Salatmischung; Pinienkerne, Rosinen, Thymian; Olivenöl, Rotweinessig, Salz, Pfeffer

Wie bei Fleisch und Gemüse ist auch beim Käse der Einkauf der wichtigste Schritt. Käse von erster Qualität ist so selten wie ein fettes Suppenhuhn. Zwar gibt es in Großstädten Spezialisten, sogenannte Affineure, die sich der Pflege der Käse widmen, also für richtige Lagerung und optimale Reifung sorgen. Auch einige Kaufhäuser haben ein akzeptables Sortiment im Angebot. Normalerweise aber sind Käse ein unrühmliches Kapitel in der Küche.

Für diese Vorspeise brauche ich Ziegenkäse. Davon gibt es viele mit verschiedenen Namen; die meisten sind rund und flach und haben ein ähnliches Aroma. Dessen Intensität ist mehr vom Reifegrad abhängig als von der Landschaft, der sie entstammen. Ob *Crottin de Chavignol, Picodon, Saint Marcellin, Banon* oder eine andere Sorte, all diese runden Käse sollten für diesen Salat nicht zu alt sein (dann sind sie hart und von ätzender Schärfe), und nicht zu frisch (die schmecken fad). Der *Saint Marcellin* ist übrigens von der Kuh; aber das macht in diesem Fall nichts. Die Käse werden waagrecht halbiert, im oberen Drittel des Backofens auf Alufolie bei starker Hitze gratiniert, wobei die Hälften das Aussehen eines bleichen Spiegeleis annehmen. Bevor sie völlig zerlaufen, nehme ich sie heraus und plaziere sie auf die vorbereiteten Salatteller. Ein halber Käse pro Portion.

Der Salat ist eine Mischung, wie sie in Südfrankreich als *mesclun* bekannt ist. Was drin ist, hängt vom Angebot ab. Was aber auf keinen Fall drin sein darf, soll hier warnend aufgeführt sein: Kein Chicoree, kein Radicchio, kein Kopfsalat, kein Eissalat, kein Lollo Rosso. Diese Leitmotive der Schnellgaststätten haben in der feinen Küche nichts zu suchen!

Die Salatblätter werden klein gerupft und auf Tellern angerichtet. Dabei einige Pinienkerne untermischen. Eine Vinaigrette aus viel Olivenöl und wenig Rotweinessig, Salz, Pfeffer und einigen (pro Teller ca. 5) eingeweichten Rosinen herstellen. Über den Salat gießen. Darauf die warmen Käsehälften legen und mit zerriebenem Thymian bestreuen.

Morcheln unter Blätterteig

Für 4 Personen:

1 Paket Tiefkühl-Blätterteig, 120 g getrocknete Morcheln; Butter, Zitronensaft, Salz, Portwein, Sahne, 1 Ei

Das ist nicht unbedingt ein sommerliches Zwischengericht. Es ist festlich und zu allen Jahreszeiten ein Genuß! Bei den Morcheln handelt es sich um getrocknete. Frische Morcheln sind so selten wie Steuersenkungen. Sinnlos, darauf zu warten, daß man sie kaufen kann. Ohnehin haben getrocknete mehr Aroma. Morcheln machen Mühe. Zunächst einmal werden sie 4 Stunden oder länger in einer großen, weißen Schüssel in reichlich Wasser eingeweicht. Pro Person nehme ich 30 Gramm. Sie sollten von mittlerer Größe sein. Die großen sind zerfleddert und müssen später zerschnitten werden; bei den ganz kleinen liegen meistens zuviele Krümel und Sand in der Verpackung.

Sand haben sie sowieso alle. Und er ist es, der mich zur Mehrarbeit zwingt: Wenn sie weich sind, drücke ich die Morcheln einzeln mit den Fingern über der Schüssel mit ihrem Einweichwasser aus. Dann werden sie, wieder einzeln, unter fließendem Wasser lange und sehr gründlich gewaschen. Wehe, wenn es später beim Essen zwischen den Zähnen knirscht! Also lieber noch einmal waschen.

Wie nötig das ist, sehe ich am Einweichwasser. Auf dem Boden der weißen Schüssel hat sich ganz ohne mein Zutun eine beachtliche Sandschicht angesammelt. Ich gieße das Wasser so vorsichtig ab, daß der Sand in der Schüssel bleibt. Das Wasser ist zwar braun gefärbt, aber sandfrei. Und es hat sehr viel vom Aroma der Morcheln aufgenommen. Deshalb brauche ich es jetzt zum Kochen.

Ich setze eine Sauteuse aufs Feuer und gebe die feuchten Morcheln mit etwas Butter hinein. Die Butter ergibt keinen Sinn; da ist wohl Aberglaube im Spiel. Während sie zischend heiß werden, beträufele ich die Morcheln mit etwas Zitronensaft, salze leicht und gieße von dem Einweichwasser dazu. Einkochen lassen und ein Glas Portwein angießen. Wieder einkochen, und das Spiel mit dem Morchelwasser fortsetzen. Nach fünf Minuten gieße ich das restliche Morchelwasser in die Sauteuse. Nun lasse ich die Pilze kochen, und es ist ziemlich egal, ob das nun 15 Minuten dauert oder 40. Zum Schluß sollen sie nur in noch wenig Flüssigkeit liegen. Dann gieße ich Sahne an. Zunächst sehr wenig. Sie soll verkochen und braun werden. Dann wieder etwas Sahne. Wieder einkochen, undsoweiter. Es entsteht eine wunderbar duftende, sahnige Morchelsauce von unvergleichlichem Aroma. Wahrscheinlich habe ich in der Schlußphase noch etwas Portwein angegossen, vielleicht auch noch einige Tropfen Zitronensaft. Die Köstlichkeit von Saucen entsteht ja nicht von selbst.

Dieses fertige Pilzragout fülle ich in eine feuerfeste Form mit geraden Wänden; ihr Durchmesser sollte 18 cm nicht übersteigen, weil sonst der Blätterteigdeckel einfällt. Den habe ich nicht selbstgemacht. Blätterteig kaufe ich tiefgefroren. Für den Deckel brauche ich nur ein halbes Paket. Die Teigplatten rolle ich auf einer gemehlten Unterlage aus und lege den Fladen wie ein Tuch über die Form mit den Morcheln. Die Ränder verklebe ich an den Seitenwänden mit Eiweiß. Das Eigelb wird mit Wasser verdünnt, damit bestreiche ich die Oberfläche des Teigs. Dadurch bekommt er eine schöne, appetitliche Farbe. Dann schiebe ich die Form in die Mitte des auf 230 Grad vorgeheizten Ofens und warte, bis der Teig aufgeht und goldbraun wird. Das kann eine gute halbe Stunde dauern; aber das Warten lohnt sich!

In der Form servieren. Beim Anstich des Teigdeckels entströmt ein Duft, der allen das Wasser im Mund zusammenlaufen läßt. Jeder bekommt ein Stück vom Deckel zu seinen Morcheln und verstummt vor Glück.

Hühnerbrust mit Estragon

Für 4 Personen:

2 ganze Hühnerbrüste; Butter, Salz, 1 EL getrockneter Estragon; 1 Becher Sahne; Sherry, Tomatenmark, frischer Estragon

(frische Steinpilze; Maispfannkuchen)

Von einem großen Huhn, vorzugsweise eine Bresse-Poularde, schneide ich die beiden Brusthälften heraus. Also mit einem scharfen, biegsamen Messer rechts und links am Brustbein entlang fahren und dann zwischen Fleisch und dem Brustkorb mehr schaben als schneiden – schon sind die beiden Hälften ausgelöst: eine Hälfte pro Person. (Das restliche Huhn wird am nächsten Tag zu einem anderen Gericht verarbeitet.) Ich entferne die Haut, weil Hühnerhaut nur bei einem Brathähnchen eßbar ist. (Für den Fall, daß ich das restliche Huhn zuerst, und die Bruststücke erst später verwenden will, werden diese eingeölt und eingewickelt im Kühlschrank gelagert.)

Hühnerbrüste sind einem Rinderfilet sehr ähnlich. Sie werden ganz kurz gebraten und produzieren keine Sauce. Während aber Rindfleisch scharf angebraten werden kann und so noch einen verwertbaren Bratsatz hinterläßt, würde das dem Huhn nicht bekommen. Große Hitze macht eine Hühnerbrust trocken und faserig.

Die beiden enthäuteten Brusthälften werden gesalzen und in Butter angebraten. Die Butter erzwingt automatisch eine niedrige Temperatur; sie würde sonst verbrennen. Sollte das trotzdem geschehen, muß die Butter unbedingt weggegossen und erneuert werden.

5 Minuten Bratzeit für jede Seite, das ist genug. Das Fleisch bläht sich etwas auf und nimmt ein wenig Farbe an. Auf Fingerdruck gibt es nach; das ist ein Zeichen dafür, daß es innen noch saftig ist. Ich nehme die Stücke aus der Pfanne und stelle sie warm.

In die Pfanne gebe ich den getrockneten und zerriebenen Estragon. Und 1 EL Sahne. Und 1 TL Sherry. Und, da das alles durch die Hitze weniger wird, noch 1 EL Sahne, und noch einen. Es beginnt der Aufbau einer Sauce: Flüssigkeit anschütten, reduzieren, neue Flüssigkeit, und so fort. Viel Sauce brauche ich nicht, da die feinen Hühnerbrüste nicht mit Nudeln oder Kartoffeln belästigt werden. Nach und nach verbrauche ich auf diese Weise einen Becher Sahne. Selbstverständlich wird zwischendurch abgeschmeckt. Eine Messerspitze Tomatenmark kommt noch dazu, vielleicht auch noch etwas Sherry. Schließlich streue ich einige Blätter frischen Estragon hinein. Damit die Bruststücke nappieren und servieren. Dazu passen frische Steinpilze. Oder kleine Maispfannkuchen.

Menü 14

Vanilleparfait mit Himbeercoulis

Für 4 Personen:

*6 Eigelb,
175 g Zucker,
100 g Sahne;
1/2 l Milch,
1/2 Vanilleschote*

*200 g Himbeeren,
Zucker,
Himbeergeist*

Coulis nennt man Fruchtsaucen, also in diesem Fall das durchpassierte und gezuckerte Püree von Himbeeren, welches man mit einigen Tropfen Himbeergeist parfümieren kann.

Ein Vanilleparfait ist sozusagen die Urform des Parfaits, was das Aroma angeht. Die Herstellung ist immer dieselbe. Ich benötige dazu je nach Größe 4 bis 5 Eigelb, Zucker und süße Sahne. Eier und Zucker so lange schlagen, bis sie eine helle, dickliche Masse bilden. Dann die Sahne steif schlagen und unterziehen.

Je nach gewünschtem Aroma kommt zusätzlich in die Eiermasse entweder Likör, Zimt, Kaffee oder geschmolzene Schokolade. Das ist die moderne, vereinfachte Version.

Beim Vanilleparfait komme ich nicht umhin, zusätzlich die Milch zusammen mit der halben aufgeschlitzten Vanilleschote zu erhitzen. Die Eiermasse wird um 1 Eigelb verstärkt und mit dem Zucker im Wasserbad aufgeschlagen. Dahinein wird die abgekühlte Vanillemilch (ohne die Schote) gegossen und unter ständigem Rühren soweit erhitzt, daß sie dicklich wird. Danach abkühlen und mit der geschlagenen Sahne unterziehen. Wie üblich in einer Porzellanform frieren lassen. Mit dem Himbeercoulis servieren.

Weinempfehlung

Zum Ziegenkäse muß nicht unbedingt Weißwein getrunken werden. Ein großer Champagner tut's auch! Nämlich ein Grande Cuvé von Krug. Davon sollte jedoch etwas übrig bleiben für die extravaganten Morcheln. Zum Estragonhuhn ist ein Weißwein obligatorisch. Eine mächtige, fast trockene Riesling Auslese wie der 1992er Nackenheimer Rothenberg vom Weingut Gunderloch in Nackenheim (Rheinhessen) trägt zur allgemeinen Freude bei. Zum Dessert darf es wieder prickeln. Diesmal jedoch süß: der Clairette de Die von Georges Raspail hat nur 8% Alkohol, dafür aber ein fröhliches Muskataroma.

Menü 15

Korianderzwiebeln

Hühnersuppe mit Morcheln

Schellfisch mit Senfsauce

Pfirsichbrioche und Eisenkrautparfait

Es gab eine Zeit, da war eine Zwiebel eine Zwiebel, basta. Es war keine Zeit der guten Küche. Heute können wir zwischen einem halben Dutzend und mehr Zwiebelarten wählen. Für dieses Menü brauche ich die kleinsten aller Zwiebeln, die weißen, dünnhäutigen Perlzwiebeln.

Korianderzwiebeln

Pro Person:

8–10 Perlzwiebeln; Lavendelhonig, Safran, Lorbeerblatt, Korianderkörner, Cayennepfeffer, Rosinen; Olivenöl, Weißwein; Balsamico-Essig, Olivenöl

Bei der Zubereitung dieser südlich-sommerlichen Vorspeise ist es notwendig, ununterbrochen daran zu denken, wie wunderbar sie schmecken werden – damit man die Lust an der Arbeit nicht verliert. Denn dieses Rezept macht Mühe. Die besteht darin, daß unendlich viele kleine Zwiebelchen geschält werden müssen. Und das dauert! Am besten setzt man sich dazu in den Garten, da verfliegt die in den Augen brennende Schärfe schneller. Man kann die Perlzwiebeln auch blanchieren, dann geht die äußere Haut leichter ab. Aber das hat einen Nachteil: im Handumdrehen sind gleich mehrere Häute weich, und dann ist nicht mehr viel übrig von so einem Zwiebelchen. Am besten versichert man sich der Mitarbeit von Familienangehörigen. Und dann gleich so viele Zwiebeln schälen, daß die Vorspeise für eine Woche reicht. So lange läßt sie sich aufheben. Und da sie wirklich wunderbar schmeckt, freut man sich jeden Tag über eine kleine Portion.

Also die Zwiebeln schälen. Theoretisch braucht man für eine Portion nur ungefähr 8 bis 10 Stück. Die werden in einer großen Pfanne oder in einem Bräter in Olivenöl angebraten, ohne daß sie braun werden. Dann mit Weißwein aufgießen, daß sie zur Hälfte im Wein liegen. Dahinein gebe ich folgende Zutaten: Lavendelhonig; Safran; Lorbeerblatt; Korianderkörner; Cayennepfeffer; Rosinen. Wieviel von jeder Sorte? Das kann man nicht abwiegen. Wie bei Saucen ist hier das Abschmecken entscheidend. Der Safran – ob Fäden oder Pulver ist egal – sollte den Sud orange färben. Die Korianderkörner bleiben ganz. Vom Honig nehme ich wenig, er soll weniger süßen als glasieren. Die gelegentliche Süße bringen die Rosinen, ihretwegen spare ich nicht mit dem Pfeffer. Und ein paar Tropfen Balsamico-Essig kommen auch hinzu. Zugedeckt sanft köcheln lassen, bis die Zwiebeln gar sind. Gar, aber nicht matschig! Dann den Deckel ab und den Sud einkochen, bis er zu einer feuchten, süßlich-scharfen Glasur geworden ist. In eine Schüssel umfüllen, fruchtiges Olivenöl einrühren und mit Folie abdichten. Einen Tag durchziehen lassen. Nach diesem Auftakt kann nichts mehr schief gehen.

Hühnersuppe mit Morcheln

1 Suppenhuhn;
Suppengemüse;
Lorbeerblatt,
Zwiebel, Nelken;
Salz, Cayenne,
Curry, Muskatblüte
(Macis);
Karotten, frische
Erbsen, Lauch,
Kartoffeln;
pro Person
3 getrocknete
Morcheln

Diese klare Suppe kann Resteverwertung vom Vortag sein. Da es sich ja um ein Zwischengericht handelt, brauche ich vom Suppenhuhn nur wenig Fleisch. Das Huhn habe ich wie üblich mit Lauch, Karotte, Zwiebel, Lorbeer- und Sellerieblatt gekocht, die Brühe durchgesiebt und kalt gestellt.

Suppenhühner sind leider nur schwer zu finden. Dabei ist ein großes, fettes Suppenhuhn eine herrliche Sache. Es produziert eine der köstlichsten und leichtesten Suppen unserer Küche, und sein Fleisch hat jenes original Hühneraroma, das wir kaum noch kennen. Es braucht lange, bis es weich ist, 2 Stunden mindestens. Dann aber ist es unübertrefflich für bunte Reistöpfe oder für kleine Blätterteigpastetten.

Für diese Suppe halte ich also vom Huhn so viel zurück, daß jeder Esser zwei, drei kleine Stückchen in seiner Suppentasse findet. Auf der Suppe hat sich im Kühlschrank über Nacht eine Fettschicht gebildet, die nehme ich sorgfältig ab, damit die Bouillon vollkommen klar und fettlos ist. Erhitzen und mit Salz, Cayenne und Muskatblüte würzen.

In dieser Suppe koche ich Karotten, frische Erbsen, Kartoffeln und Lauch – alle Bestandteile (außer den Erbsen) in sehr kleine Würfel geschnitten. Da für jeden Esser nur eine Suppentasse vorgesehen ist, brauche ich von allem sehr wenig. Auch von den Morcheln, die ich extra koche, weil sie mir sonst die Suppe verfärben würden, genügen 3 Stück pro Portion. Ich koche sie wie auf Seite 142 beschrieben. Sie werden gerecht verteilt und geben dieser klaren Gemüsebouillon den Hauch von Luxus, für den im Winter die Trüffeln zuständig sind.

SCHELLFISCH MIT SENFSAUCE

Für 4 Personen:

*1 kg Schellfisch;
Salz, Pfeffer,
Lorbeerblatt,
1 Zwiebel,
1 Glas
Estragonessig
1 Schalotte,
1 Glas Weißwein;
150 g Butter, Salz,
Pfeffer; Senf, Sahne
(Kartoffeln)*

Ein Klassiker der norddeutschen Küche und ein herrliches Fischgericht! Und herrlich einfach ist es außerdem. Für 4 Personen brauche ich 1 Kilo Schellfisch. Am besten ist das Mittelstück, wo die Bauchhöhle in den kompakten Schwanz übergeht. Ich bringe Wasser zum Kochen und würze es außer mit Salz und Pfeffer mit dem Lorbeerblatt, der geviertelten Zwiebel und dem Glas Estragonessig. Eine Viertelstunde köcheln lassen, dann das Stück Fisch hineinlegen. Die Temperatur herunterschalten, so daß sie 80 Grad nicht überschreitet! Trotz dieser Vorsichtsmaßnahme, die den Zerfall und das Austrocknen von Fischen verhindert, überwache ich das Garen sorgfältig. Die genaue Garzeit läßt sich nicht voraussagen; sie richtet sich nach der jeweiligen Dicke des Fisches. Bei einem Schwanzende genügen 10 Minuten; das dickere Mittelteil braucht 5 bis 10 Minuten länger, wohingegen das offene Bauchstück sehr schnell gar wird. Zur Kontrolle mache ich an der dicksten Stelle am Rücken neben der Mittelgräte einen Einschnitt. Das Fleisch sollte nicht mehr grau, also glasig, sein, aber auch nicht fast von selbst auseinanderfallen. Ich nehme es aus dem Wasser und enthäute es. Dann wird es tranchiert, auf Tellern angerichtet und mit etwas Senfsauce umgossen. Die restliche Sauce stelle ich in einer Sauciere auf den Tisch.

Eine Senfsauce ist eigentlich nichts anderes als eine *beurre blanc*, der zum Schluß scharfer Senf hinzugefügt wird. Es geht also los mit einer sehr fein gehackten Schalotte, die in einem kleinen Pfännchen solange in 1 Glas trockenem Weißwein gekocht wird, bis die Flüssigkeit fast verkocht ist. Dann die Schalottenstückchen herausnehmen, ausdrücken, und in die etwas abgekühlte Pfanne nach und nach 150 g Butter mit dem Schneebesen einmontieren. Dabei salzen und pfeffern (weiß, aus der Mühle). Es entsteht eine cremige *beurre blanc*, wie sie zum gekochten Hecht serviert wird. Dahinein rühre ich sodann ½ bis 2 EL Senf, den ich vorher mit etwas Sahne flüssig gemacht habe. (Die Menge richtet sich danach, wie scharf ich die Senfsauce haben will.)

Dazu esse ich Salzkartoffeln, und sonst nichts.

Pfirsichbrioche und Eisenkrautparfait

4 Scheiben von einer Brioche; 4 Pfirsiche; Cognac, Vanillezucker, 1 Handvoll Eisenkraut; 1/2 l Milch; 5 Eigelb, 150 g Zucker, 100 g Sahne

Brioche ist das weiche, kastenförmige Weißbrot, das man für einen Kuchen halten könnte. Es enthält Eier und Butter und ist unter den Weißbroten das feinste. Es kann leicht gesalzen sein – bei Bocuse wird es mit eingebackener Wurst als amuse gueule serviert – oder leicht gesüßt. Brioche ist das klassische Backwerk zur Gänseleber. Bei meinem Bäcker kann ich es am Wochenende kaufen, so erspare ich mir das Selberbacken. Allerdings schmeckt Brioche ganz frisch, nämlich lauwarm, am besten. Wer die Mühe nicht scheut, braucht folgende Zutaten: 500 g Mehl; 400 g Butter; 6 Eier; 60 g Zucker; 20 g Hefe; 1/8 l Milch; 1 Prise Salz. Daraus wird ein Hefeteig gemacht, in den die weiche Butter stückchenweise eingeknetet wird. Eine Stunde gehen lassen und erneut durchwalken. In einer Kastenform bei 180 Grad nicht ganz 1 Stunde backen.

Von der Brioche brauche ich 4 Scheiben. Die werden einseitig mit Butter bestrichen und mit der Butterseite aufs Backblech gelegt. 4 Pfirsiche mit kochendem Wasser überbrühen, in Eiswasser abkühlen. Dann die Haut abziehen, halbieren und entsteinen. Die Pfirsiche in dünne Scheiben schneiden und auf den Brotscheiben arrangieren. Mit Cognac beträufeln und eine kleine Prise Vanillezucker drüberstreuen. Bei 220 Grad 10 Minuten im Ofen backen und abschließend unter dem Grill glasieren lassen.

Das Eisenkraut sollte möglichst frisch sein. Getrocknet, wie es als Tee angeboten wird, ist sein Aroma längst nicht so fein säuerlich wie die grünen, schmalen Blätter ihn an die Milch abgeben, in der sie gekocht werden. Eine Handvoll frische Blätter lasse ich 10 Minuten in der Milch simmern. Dann werden sie herausgefischt und die etwas abgekühlte Milch wird in die vorbereitete Eigelb-Zucker-Masse verrührt, die daraufhin wieder dünnflüssig wird. (Die Eigelb und den Zucker habe ich so lange geschlagen, bis die Masse hell und cremig wurde.) Alles zusammen wird im Wasserbad unter ständigem Schlagen mit dem Schneebesen langsam erwärmt, bis die Masse wieder eine dickliche Konsistenz erreicht hat. Dann abkühlen und die steif geschlagene Sahne unterziehen. In eine Porzellanform füllen und über Nacht einfrieren.

Zu den heißen Pfirsich-Brioches das kalte Eisenkrautparfait – das ist eine nicht alltägliche Delikatesse! Sollte sich frisches Eisenkraut nicht auftreiben lassen, ist es als Kräutertee (Verveine) in Drogerien zu finden. Fast ebenso gut ist jedoch ein Parfait von Limonen, das sind die kleinen grünen Zitronen.

Weinempfehlung

Zu den Korianderzwiebeln kann ich mir sehr gut einen jungen Syrah vorstellen (Crozes-Hermitage von Pochon oder Graillot) oder einen weiter südlich wachsenden Roten wie einen Mourvèdre. Da danach in diesem Menü jedoch nur noch Weißweine in Frage kommen, soll die weiße Harmonie nicht gestört werden. Also beginne ich mit einem Silvaner Kabinett, dem Casteller Kugelspiel 1992 vom Castellschen Domänenamt in Castell (Franken). Zur Hühnersuppe dann den Bianco di Maculan 1993 aus Breganze (Venetien). Der Schellfisch mit seiner buttrigen Senfsauce braucht dagegen ein Schwergewicht. Zum Beispiel einen Chardonnay aus dem Napa Valley wie den Carneros von Saintsbury. Und den süßen Abschluß feiere ich mit einer Flasche Traiser Rotenfels 1992, einer Riesling Auslese vom Weingut Crusius in Traisen an der Nahe.

Die Rezepte der in dem vorliegenden Buch versammelten 15 Menüs hat Wolfram Siebeck teils im ZEITmagazin vorgestellt, teils für dieses Buch eigens entwickelt. Der Verlag hat die Menüs auf feinem Porzellan fotografieren und durch kenntnisreiche Weinempfehlungen vervollständigen lassen. So ergab sich die Zusammenarbeit mit *Cartier* und *Hawesko*. Die Produkte von *Cartier* sind erhältlich in ausgewählten Geschäften des gehobenen Fachhandels und in den *Cartier*-Botiquen. Die Weine und Champagner des *Hanseatischen Wein- und Sekt-Kontors* können direkt bezogen werden von: *Hawesko*, 20243 Hamburg. *Alexander Carroux* und *Andreas Miessmer*, der eine an der Kamera, der andere am Herd, sorgten dafür, daß die Gerichte nicht nur sommerliche Genüsse versprechen, sondern bereits Vorfreude auf die sonnigen Tage vermitteln.

Register

Aalrettich 60
Apfeltorte, normannische 76

Bananensalat 56
Blaubeerpfannkuchen 136
Bohnen, weiße (mit Calamares) 112
Buttermilchsuppe 40

Calamares (mit weißen Bohnen) 112
Chèvre, gratiniert 140
Clafoutis (Kirschenmichel) 16
Crème Caramel 66
Curry-Gurken 112
Dorade 112

Eisenkrautparfait 156
Entenbrust 54
Erdbeerparfait 86
Essighuhn (Poulet au Vinaigre) 74
Estragonsauce 144

Faisselle (Frischquark) 36
Fenchel 104
Fischcurry 82
Frischquark (Faisselle) 36

Geflügelleber, Mousse 110
Gemüseplatte 52
Gemüserisotto 132

Himbeerculis 146
Hühnerbrust 144
Hühnersuppe 152
Hummer 10

Kalbshaxe (Ossobuco) 64
Kalbsnieren 34
Kanichen, mit Oliven 84
Keniabohnen, Salat 100
Kirschenmichel (Clafoutis) 16
Knoblauchsuppe 32
Königsberger Klopse 44
Korianderzwiebeln 150
Krebse 42
Kürbis (Chutney) 70
Kürbis (Suppe) 130

Lachs (Häppchen) 50
Lachs (mit Sauerampfer) 124
Lachsforelle 134
Lamm (Curry) 92
Lamm (Keule, poschiert) 24
Lauch-Kartoffeln (Suppe, warm) 72
Lauch-Kartoffeln-Suppe (Vichyssoise) 90
Lauchtorte 102

Matjes 20
Milchreis 106
Morcheln 142

Omelette surprise 114
Ossobuco (Kalbshaxe) 64

Pfirsichbrioche 156
Piperade 122
Pommes-Poireaux 72
Poulet au Vinaigre (Essighuhn) 74

Rote Grütze 26
Ruccola, Salat 80

Salade Niçoise 30
Schellfisch 154
Seewolf 104
Senfsauce 154
Soufflé (Grand Marnier) 94
Spargel (Gemüseplatte) 52
Spargel, gebraten 90
Spargel, Salat 10
Spinat, gratiniert 62
Summer-Pudding 46

Tauben, gebraten 12
Tomatenkonkassée 12
Tomatensuppe 22

Vanilleparfait 146
Vichyssoise (Lauch-Kartoffelsuppe, kalt) 90
Vitello tonnato 120

Zitronenreis 92
Zitronenschaum 126

EIN PRACHTBAND FESTLICHER GAUMENFREUDE

Wolfram Siebeck
Meine Festmenüs
160 Seiten
ISBN 3-8218-1319-9

Verlagsverzeichnis schickt kostenlos: Eichborn Verlag, Kaiserstraße 66, D-60329 Frankfurt